1日 10分で 4技能が身につく

アルゴリズム
音読

鴨井智士
Kamoi Satoshi

JN090716

IBCパブリッシング

装幀 ──────── 斉藤 啓 (ブッダプロダクションズ)

本文デザイン── コント ヨコ

イラスト──────よしだ ゆうこ

英文協力──────Toddy Jay Leonard

はじめに

▶中学英語で十分！　ハイレベルを求めすぎていませんか？

　私は英語に関する仕事をしているので、「鴨井さんは英語ができるんですか？　いいですねー」とよく言われます。そのように言ってくれる方の話をよくよく聞いてみると、ずいぶんハイレベルな英語をイメージされていることに驚きます。

　私は大学卒業後、ITの会社でネットワークエンジニアとして働いた後、一念発起して英語教師を目指しました。高校で英語を教えてから退職し、海外法人で英語を使った仕事をしました。帰国後は再び英語を教えたり、英語の学習方法などをコンサルティングしたりする仕事をしています。普段から英語ネイティブの外国人と打ち合わせをする機会も多くあります。

　毎日英語を使った仕事をしているにも関わらず、私が使っている英語の9割が、実は「中学英語」です。それでもTOEICは960点、英検も1級が取れました。つまり、日常的に英語を使い、試験に合格したり高得点を取るといっても、中学英語で十分なんです。

　本書では、1日10分で中学英語をしっかり身につけることができる約1ヵ月のトレーニングを扱っています。いくらよいトレーニングであっても、続かなくては意味がありません。また、ダラダラ長い時間やっても効率が悪いだけです。そこで「1日10分！　1ヵ月！」という点にこだわりました。

　1日は24時間、1440分もあります。そのうち10分使うことができれば、一生モノの英語力が身につくのです。10分という短時間であれば、誰でも、いつでも、どこでも実施可能ですよね。

　「1日10分で一生モノの英語力が手に入る？　そんな虫のいい話はないだろう」と思う人もいるかもしれません。しかし、このトレーニングによって「英語の文構造を意識した語順感覚」を手にできます。詳しくは本文で述べていますが、この「英語の文構造を意識した語順感覚」を習得した

時、「自分は英語ができる」といえるほど、皆さんは自身の英語スキルを実感することになります。

　そのために本書が提唱するのは、「アルゴリズム音読」です。「アルゴリズム音読」では、「英語の文構造を意識した語順感覚」を身につけていただくため、手順をシンプルにし、ルーティンとして毎日実施できるようにプログラム化しました。何をどうしたらいいだろうと迷う必要はありません。ただ本書の手順通りに、集中して10分「音読」してみてください。

　1ヵ月間のトレーニングを終えた後には、必ず英語力の伸びを実感し、英語が好きになります。そして、もっと英語を勉強したくなります。ぜひ、一緒に頑張りましょう！

▶まずは1ヵ月試してみよう

　本書では英語学習に取り組みやすいよう、毎日10分という短い時間を、1ヵ月という短い期間に限って試してもらえるトレーニングプログラムとなっています。

　一般的に、何かのスキルを自由自在に使えるように身につけるには1万時間必要とされています。1日3時間取り組んだとして約10年かかる計算です。

　ですから、毎日10分を1ヵ月続ければ英語を自由自在に使えるようになるとは言いません。しかし1ヵ月すれば「アルゴリズム音読」の方法が身につき、身の回りにある英語教材を使って雪だるま式にどんどん英語力をアップしていくことができるとだけはお約束できます。まずは1ヵ月試してみませんか？

▶英語を短期間で身につけた私の経験

　ここで、自分自身の体験をお話ししましょう。

　私は高校の英語教師をしていました。多くの英語の教師は大学で教育系または語学系の学部を卒業し、卒業と同時に教員免許を得て教師になりますが、私の場合はぜんぜん違うルートで教師になりました。

　2008年、リーマンショックの時期に私は失業し、職業安定所へ通って

いました。職業安定所とは失業者が通う職探しのための機関です。それまではIT企業でネットワークエンジニアとして働いていましたが、一念発起し教師になりたいと考えたのです。

教員免許を持っていない私が教員になるために、その時点で方法として考えられたのは次の3つです。

❶ 通信教育で普通課程に編入し英語の教員免許を取得（所要期間：約2年）

免許取得に関わる単位をほぼ丸々取得しなければならないが、通信教育なので一部のスクーリング科目以外は通わなくてよい。大学では理系を専攻していたが、当時通信課程では理科の教員免許はとれなかったため、英語へ方向転換する必要あった。

❷ 大学の科目履修生として理科の教員免許に関する単位を習得し、
免許を取得（所要期間：約1〜2年）

必要な単位数は少ないが、大学に通学する必要があるため、時間的制約が大きい。

❸ 英語の特別免許を取得（所要期間：最短1年間）

必要な条件はいくつかあるが、最短1年間で教員になれる。英語の資格取得が最大のヤマ場。

この3つのパターンを比較したところ、2は大学に通う必要があるため、金銭的、時間的に難しいと考えました。狙うのは3ですが、うまくいくとは限らないので、保険として1も併用しました。

つまり、京都にある佛教大学の通信課程に入学して、英語の教員免許取得のための単位を揃えながら、英語の特別免許の準備を始めたのです。

特別免許とは、大学などで教員免許を取得していなくても、教育委員会が必要な人材であると認めた場合に与えられる免許です。私のいた青森県では、一定以上の英語の資格と5年以上の社会人経験があれば教員採用試験を受験でき、そして合格すれば特別免許を交付してもらえる制度があるのです。

この英語の資格は、私が受験した年の特別選考では、TOEIC 860点、

英検1級、TOEFL 100点 (iBT) の3つのうちいずれかでした。英語の資格をよくご存じの方であればわかると思うのですが、この3つを比べた場合、TOEIC 860点が断然に取得しやすいのです。そこで、これに絞ることにしました。

　その時点でTOEICは一般の人よりは高い700点を持っていましたが、このスコアを獲得したのは受験を目指すよりも7年前。その後はほとんど英語の勉強をしていなかったので、当時のスコアよりも実力が下がっていることは間違いありませんでした。

　しかし、特別選考の締め切りまでにスコアの準備ができていないといけません。残された期間は約3ヵ月でした。

　この3ヵ月、私は猛勉強を重ねました。すると、資格で要求されるスコア基準をはるかに上回る960点を取ることができました。その結果教員採用試験に合格し、晴れて高校の英語教師になることができたのです。

　この経験を活かして、「アルゴリズム音読」という英語勉強法を体系化しました。青森の教員は家庭の事情で退職しましたが、その後に他県で再度教員採用試験に合格。しかし、一般の方にも「アルゴリズム音読」をもっと普及させたいという気持ちを優先し、教員採用試験の合格を辞退しました。現在は2つの会社を経営しつつ、英語学習コンサルタントをしています。

○─● 無料音声ダウンロード ●─○

　本書の第3章「アルゴリズム音読」実践編の各ラウンドの音読用課題音声 (MP3形式) を、下記URLとQRコードから無料でダウンロードすることができます。

www.ibcpub.co.jp/audio_dl/0615/

※PCや端末、アプリの操作・再生方法については、編集部ではお答えすることができません。製造・開発元にお問い合わせいただくか、インターネットの検索サービスなどでお調べください。

もくじ

第 1 章

「アルゴリズム音読」

とは

アルゴリズムとは「ルールと手順を決めて処理する」こと

　「アルゴリズム」という言葉をご存じですか？　NHK Eテレのピタゴラスイッチという番組に「アルゴリズム体操」や「アルゴリズム行進」というコーナーがあります。ですから、「アルゴリズム」という言葉を聞いたことはあるけれども、意味はよくわからないという人もいるかもしれません。

　「アルゴリズム」はIT業界ではよく使う言葉です。ASCII.jpデジタル用語辞典の解説にはこう記されています。

> 問題を解決するための方法や手順のこと。
> 問題解決の手続きを一般化するもので、
> プログラミングを作成する基礎となる。

　つまり、今回本書で取り上げる「問題」とは英語の学習であり、そこで発生する問題解決の手続きを一般化したものです。この時、英語を学ぶ上で音読は学習効果が非常に高いため、音読を中心とした英語勉強法としてまとめました。そのような理由から「アルゴリズム音読」が生まれたのです。

英語は語順がすべて

　日本語を母語とする私たちにとって、普段使っている日本語と、これから学んでいこうとしている英語とでは、決定的に異なる点があります。「英語は語順の言語である」ということです。

　日本語は、「助詞」という便利な接着剤があるため、単語をどのような順番で持ってきても（若干不自然になることもありますが）、基本的に意味が通じます。例えば、次の5つの文を見てみましょう。

　私は、彼のことが好きです。
　彼のことが、私は好きです。
　私は好きです。彼のことが。
　好きです。私は彼のことが。
　彼のことが好きです。私は。

語順はさまざまですが、全部同じ意味になりますよね。しかし、英語は語の順序が決まっています。「私は、彼のことが好きです」とするには次のようにしなければなりません。

　I like him.

　この文にある３つの単語（I、like、him）の語順を変えていくつか書いてみましょう（便宜上、状況によってIはmeに、himはheに、likeはlikesに変えています）。

　I he like.
　Like him I.
　He likes me.

　最初と２つ目は文として意味をなしませんし、３つ目は「彼は、私のことが好きです」と、意味が変わってしまいます。つまり英語という言語は言葉の「順番」つまり語順を最重要視するのです。

　上に挙げたI like him. は３つの単語からなっているのでまだわかりやすい方です。次の文はどうでしょうか。

　The man standing over there is our English teacher.

　この文の意味をとるには、「英語の文構造を意識した語順感覚」が身についていなければ難しいですし、このような文を発信することはさらに厳しいでしょう。しかし、逆に言うならば、「英語の文構造を意識した語順感覚」が身につけば、あとは単語力を強化するだけで、かなりハイレベルな英語に到達することができるのです。
　英語には４技能があると言われています。これは、「リーディング」（読むこと）、「リスニング」（聞くこと）、「ライティング」（書くこと）、そして「スピーキング」（話すこと）の４つの技能のことを指します。これらの４技能はそれぞれ独立しているのではなく、「英語の文構造を意識した語順感覚」というところで相互につながっています。つまり、「英語の文構造を意識した語順感覚」をしっかり身につけると、４技能の基礎力が上がるのです。

主語、動詞、目的語、補語とは？

「英語は語順がすべて」とお伝えしました。語順で大事になってくるのが主語、動詞、目的語、補語と呼ばれる4つの要素です。この4つの要素の並び方が大事なのですが、そもそもこの4つはどのようなものでしょうか。

❶ 主語（Subject）

1つの文に必ず必要となる要素です（命令形の場合を除く）。1つの文の基本的構成は「○が〜する」です。「○が」が主語です。例えば、I go.（私が行く）という文であれば、I（私が）が主語です。人間であれば、「誰が」、モノであれば「何が」ですね。

主語のことを英語では Subject と言いますので、省略して「S」と示されることがあります。

❷ 動詞（Verb）

こちらも1つの文に必ず必要となる要素です。「○が〜する」の「〜する」にあたる部分です。例えば、I go.（私が行く）という文であれば、go（行く）が動詞です。

動詞にはいろいろと分け方があります。人間も「男性」「女性」と性別、「日本人」「アメリカ人」と国籍、「30歳未満」「30歳以上」と年齢など、さまざまな分類をすることができますよね。動詞もいろいろな切り口で分けることができます。

初めに知っておいてほしいのが、「be動詞」と「一般動詞」という分け方です。「be動詞」は be、is、am、are、was、were、been の7種類、「一般動詞」は be動詞を除いた動詞です。

次に知っておいてほしいのが、「自動詞」と「他動詞」。なんとなく聞いたことがあるという人も多いでしょう。また、これらの違いをしっかり理解できていない人も多いでしょう。私自身、高校3年生まで「自動詞」「他動詞」を知りませんでした（学校の授業では習っていたはずですが……）。しっかり理解できたのは30歳ぐらいになってからのことです。

自動詞とは、「目的語」を伴わない動詞で、他動詞とは、「目的語」を伴う動詞です。

？？となりそうですね。

1つの文には必ず動詞があります。動詞が「自動詞」であれば、その文には絶対に「目的語」という要素がありません。逆にいうと「目的語」がない文の動詞は「自動詞」です。

例えば、I go.（私は行く）であれば、I が主語、go が動詞。次のピリオドで文が終わっているこの文には、主語と動詞しかありませんので、この文の動詞は自動詞です。

「この動詞は自動詞で、この動詞は他動詞だ」ときっちり線を引くことができないのも英語学習の難しいところです。動詞によっては、「自動詞の時もあれば、他動詞として働く時もある」ものもありますし、「他動詞だが、目的語が1つの時もあれば、2つの時もある」ものもあります。ここでは、そういう区別があるのだということをわかっておいてもらえればよいです。

動詞のことを英語では Verb と言いますので、省略して「V」と示されることがあります。

❸ 目的語（Object）

目的語は、「主語が〜を…する」の「〜を」にあたる部分です。例えば、I love you.（私はあなたを愛している）であれば、you（あなたを）の部分が目的語です。

主語や動詞と違って、1つの文に必ず目的語があるとは限りません。先ほど動詞の「自動詞」「他動詞」で説明したとおり、その文の動詞が「自動詞」であれば目的語はありませんし、「他動詞」であれば必ず目的語が存在します。

ややこしいことに、動詞によっては目的語を2つ伴う場合もあります。

I give you chocolate.（私はあなたにチョコレートをあげる）であれば、you と chocolate のどちらも目的語です。

目的語のことを英語では Object と言いますので、省略して「O」と示されることがあります。

④ 補語（Complement）

　補語は、「主語は〜である」の「〜で」にあたる部分です。つまり、主語（または目的語）が何なのか、もしくはどのような状態なのかを説明する語です。「補語」という文字が示している通り、「補う」「語（言葉）」なのです。

　I am happy.（私は幸せである）という文であれば、happy（幸せな）が補語です。

　動詞によっては補語だけでなく、目的語のあとに補語がくる場合もあります。

　I found English interesting.（私は英語が楽しいことがわかった）という文であれば、English が目的語で、interesting が補語です。

　補語のことを英語では Complement と言いますので、省略して「C」と示されることがあります。

　少し文法的でややこしい内容になってしまいましたが、この部分をしっかり理解できるとより英語が深く身につきます。説明は最小限に絞ってみましたので、アルゴリズム音読を実践しながら何度もここに戻り、読み返して理解してください。

「聞き流すだけでOK」はウソ

　「アルゴリズム音読」では、音読を通じて英語感覚を身につけていくプロセスをとります。なぜ「音読」なのかという点を、いくつかの視点からお伝えいたしましょう。

　何かのCMで「（英語は）聞き流すだけでOK」というのを目にしたことがある人もいるかもしれません。この「聞き流すだけ」というのは、音として発声しないということになります。つまり、発音練習をしません。英語には日本語にない発音がいくつかありますが、その練習をせずに発音できるようになることなどはありません。

　赤ちゃんが言葉をしゃべれるようになる過程を考えてみてください。生まれていきなり話しだす赤ちゃんはいませんね。まずは、親や周りの人の言葉を聞き続けます。数ヵ月間、泣き声以外は何も発することなく、た

だひたすら聞き続けます。

　その後、「あー」とか「うー」とか発するようになり、1歳をすぎるころから「まんま」など、意味のある言葉を発し始めるようになります。そして、だんだん発する音が日本語らしくなって、徐々に長い文をしゃべるようになるのです。

　では、赤ちゃんと同じように1年間聞き続けたらいいじゃないか。そうすれば自然に英語が口から出てくるようになるではないか。と思われるかもしれません。しかし残念ながら、英語の勉強を赤ちゃんが母語の日本語を学ぶように進めていっても、まず使えるようになりません。なぜなら、赤ちゃんが日本語に触れる時間と、私たちが英語勉強に充てる時間には圧倒的な差があるからです。

　では、どうすればよいのでしょうか。それは、赤ちゃんが「聞き流すだけ」に充てていたステップを飛ばして、いきなり「音読」から入ればよいのです。赤ちゃんは生まれた時から発声方法がわかっているわけではなく、声帯ができあがっているわけでもありません。だから「音読」からスタートすることができないだけです。その一方、私たちは「音読」からスタートすることができます。限られた時間で英語を伸ばすためには、聞き流すのではなく、積極的に「音読」を進めていくべきなのです。

音読は脳を活性化させる

　人が何か物事を学ぶ時、必ず使うものが「脳」です。運動をする時でも「脳」は使いますし、歌の練習をする時でも「脳」は使います。英語学習についてももちろん「脳」を使います。では「脳」を効率よく働かせるにはどうしたらよいのでしょうか。

　ずばり、音読をすることです。

　何かを学ぼうとする時、刺激が多ければ多いほど脳に深く刻み込まれます。ただ文字を眺めているだけだと視覚しか使いません。これでは刺激が少ないのですが、音読をすると、発声をする刺激だけでなく、自分が発した音が耳からも入ってくるので、3重の刺激となります。

　もっと言えば、手でその文字を書きながら発声すると、4重の刺激になって脳を一番活性化することができます。文字を書くとどうしても処理速

度が下がり時間がかかってしまいますので、必要に応じて実践してみましょう。

　限られた時間を効率よく使うという意味では、「音読」が一番よいのです。

カタマリで理解する

　英語を一単語ずつ理解しようとすると、流れがわからなくなり、時間もかかります。逆に一文を一気に理解しようとするのはハイレベルです。そこで、適度な長さに区切った「カタマリ」で理解することが英語上達の近道です。

　では、「カタマリ」とはどのような単位なのでしょうか。これは人によって違いますし、文によっても「適当な長さ」が異なってきます。この「カタマリ」の感覚を養っていただくためにも、本書では ／（スラッシュ）で文をカタマリに区切っています。スラッシュの入れ方に明確なルールはありませんが、おおむね次のところで区切るのが一般的です。

- ▶不定詞の前
- ▶動名詞の前
- ▶関係詞（関係代名詞など）の前
- ▶前置詞の前
- ▶接続詞や疑問詞の前
- ▶コンマ（ , ）の前
- ▶that 節の前
- ▶長めの主語の後
- ▶長めの目的語の前

　しかし、これらをすべて覚えるのは大変です。さらに、ルールを思い出しながらスラッシュを引いてカタマリに分けていこうとすると、時間がかかってしかたがありません。ですので、ルールを覚えるというより、カタマリの感覚を養っていきましょう。また、読む速度が上がってきたら少しずつスラッシュの数を減らしていき、カタマリを大きくしていきます。

　例を見てみましょう。

Online shopping is a form of electronic commerce, which allows consumers to directly buy goods or services from a seller over the Internet using a web browser. Consumers who find products of interest by visiting the websites of retailers is known as an online shopper.

この文にスラッシュを入れていきます。

Online shopping is a form / of electronic commerce, / which allows consumers / to directly buy goods / or services / from a seller / over the Internet / using a web browser. // Consumers / who find products / of interest / by visiting the websites / of retailers / is known / as an online shopper. //

これはかなり細かくスラッシュを入れてカタマリを作ったパターンです。細かすぎると流れがつかみにくくなってしまいますが、初めはこれぐらい細かくてもよいかもしれません。慣れるにしたがって、次くらいのカタマリになるようスラッシュを減らしていくとよいでしょう。

Online shopping is a form of electronic commerce, / which allows consumers / to directly buy goods or services / from a seller over the Internet / using a web browser. // Consumers / who find products of interest by visiting the websites of retailers / is known as an online shopper. //

前から理解する

　続いて、区切ったカタマリをどのように理解していくかを記します。

　私自身、中学校の時は、「英文は後ろから読め」と言われて実践してきました。ただこれでは全体の流れがつかみづらいですし、後ろから読んでもう一度文頭から読み直すため、時間がかかります。そこで、カタマリごとに前から理解していくことをおすすめします。

　先ほどの例を見てみましょう。

Online shopping is a form / of electronic commerce, / which allows consumers / to directly buy goods / or services / from a seller / over the Internet / using a web browser. // Consumers / who find products / of interest / by visiting the websites / of retailers / is known / as an online shopper. //

　これをカタマリごとに訳してみます。

Online shopping is a form /	オンラインショッピングは一形態です
of electronic commerce, /	電子商取引の
which allows consumers /	そしてそれは消費者に〜を許します
to directly buy goods /	直接商品を購入すること
or services /	もしくはサービスを
from a seller /	販売者から
over the Internet /	インターネット経由で
using a web browser. //	ウェブブラウザを使って
Consumers /	消費者は

18

who find products /	商品を見つける
of interest /	関心のある
by visiting the websites /	そのウェブサイトを訪れることによって
of retailers /	小売業者の
is known /	知られています。
as an online shopper. //	オンラインショッパーとして

　これは区切りの細かい文なので、少し流れがつかみにくいかもしれません。区切りを大きくしたパターンも見てみましょう。

Online shopping is a form of electronic commerce, /	オンラインショッピングは電子商取引の一形態です
which allows consumers /	そしてそれは消費者に〜を許します
to directly buy goods or services /	直接商品やサービスを購入すること
from a seller over the Internet /	インターネット経由で販売者から
using a web browser. //	ウェブブラウザを使って
Consumers /	消費者は
who find products of interest by visiting the websites of retailers /	小売業者の Web サイトにアクセスして関心のある製品を見つける、
is known as an online shopper. //	オンラインショッパーとして知られています。

　この訳をそのまま日本語として理解しようとすると違和感があるかもしれませんが、違和感を飲み込んで自分のものにできるようになると、英語の理解度がぐっと高まります。

文法は、まず中学校卒業程度で十分

　私自身、中学校の一学期の授業で初めてアルファベットを習いました。その後、高校、大学と進学し、卒業後も独学で英語学習を続けました。英語が使えるようになって後々気づいたのですが、高校や大学で習った英文法はほぼ使いません。といいますか、中学校で習った英文法をしっかり理解しておけば9割以上のことは間に合います。

　「残り1割にもこだわってしっかり英語を完璧なものにするんだ！」という人は時間をかけていただいていいですし、そこに含まれる大事な文法もあります。しかし、ここでこだわるよりも、英語で文を読む、話す、聞く、読むというスピードを上げたほうが絶対にいいですし、楽しいです。

　ただし、ある程度スキルが上がったら、高校英文法の「仮定法」は理解しておいたほうがよいでしょう。頻出しますし、これがわかっていないと文の意味を取り違えてしまいかねません。

　ちなみに、英単語も同様です。英語の文を「読む」場合には少しもの足りないかもしれませんが、「聞く・書く・話す」に関しては中学校レベルの単語で十分です。まずは中学校レベルの単語を使いこなせるようにしましょう。

　今回、本書で取り上げたトレーニングには中学英文法のうち、8つの基本的な文法事項を盛り込んであります。

❶ 時制
❷ 受動態
❸ 疑問文・否定文
❹ 助動詞
❺ 動名詞
❻ 不定詞
❼ 分詞（現在分詞・過去分詞）
❽ 関係詞（関係代名詞・関係副詞）

　不定詞とか関係代名詞とか、文法用語を聞くだけでいや気がさしてしまうかもしれませんが、あまり気にしないでください。トレーニングをやってみて、あとで「これが関係代名詞というものなのか」と考える程度で結構です。どれがどの文法かということを知っておくことは、後々の勉強

の理解度を上げるのに役に立ちますので、文法用語を知っておくことはよいことです。ただ、そこにとらわれすぎないようにしましょう。

英文ストック

　自分の中に英文のストックを作りましょう。ストックとは、「在庫」や「蓄積」や「容器」という意味合いも持ちます。短くてもよいので、できるだけ多くの英語の例文を体に染み込ませましょう。

　私たちが日本語を身につけてきたプロセスを考えてみてください。生まれたての子どもは、いきなり言葉をすらすら話したりしませんよね。まずは親が話しかけると、子どもは少しずつそのまねをします。その後、親だけでなく保育園、幼稚園の先生や友だちなどと接していくうちに日本語の文が少しずつ蓄積されていき、その単語や組み合わせを使って日本語が話せるようになってくるわけです。

　「私は子どもです」という日本語のストックができれば、「私は大人です」と言い換えるのは難しいことではありません。「私は子どもでした」もすぐにできるようになるでしょう。さらに、「私が子どもだったころ、よく外で遊びました」という組み合わせもできるでしょう。

　日本語に限らず、英語や他の言語でも同じです。まずは基本となる文を蓄積し、そのストックを少しずつ増やします。そのストックの組み合わせで文章が成り立っていくのです。いかに多くの英文ストックを持っているか、これが英語能力を左右すると考えてください。

インプット ⇨ アウトプット

　学習はすべてインプットから始まります。大量のインプットを行うことで、アウトプットにつながります。

　英語学習で言うインプットとは、「読む、聞く」です。そして単語を覚えることや英文を頭に入れることもインプットです。

　しかし、英語は言語です。コミュニケーションや情報の伝達手段です。アウトプットのないインプットは意味がありません。そこでインプットする時

は、必ずアウトプットを意識してください。

　英語学習でいうアウトプットとは、「書く、話す」です。アウトプットにつながるインプットをするとはこういうことです。例えば、せっかく単語を覚えるのであれば、英文ストックを意識して、英文でインプットしましょう。さらに、その英文を音読し、アウトプットしてください。いつ使うかわからない単語をいくら覚えてもしかたありません。よほどインパクトがあるものでなければすぐに忘れてしまいます。

　英文の音読はインプットとアウトプットが同時にできる素晴らしい方法です。そして英語を使う時、できるだけその英文ストックを使うようにしてください。日記を書くのもよし、外国人とチャットをするもよし。アウトプットを意識した大量のインプット、これが英語学習の奥義です。

エビングハウスの忘却曲線　人間は忘れる生き物である

　エビングハウスの忘却曲線というものをご存じでしょうか。エビングハウスとは心理学者の名前です。

　彼はある実験を行いました。この実験でわかったことが次の２点です。

▶ 人は忘れる生き物である。
▶ あるタイミングで復習をするとその忘れる度合いが下がる。

　要は、１回で物事を覚えられる人はいないし、復習すると覚えられる、ということです。「私、単語が覚えられないんです」とか、「物覚えが悪いんです」という人は多いと思います。私もその１人です。人の名前などぜんぜん覚えられないですし、よく物事を忘れます。

　ただし英語学習に関して言うと、このエビングハウスの忘却曲線を意識したので、しっかりと身につきました（人の名前や、他のこともエビングハウスの忘却曲線を意識して覚えたらいいのですが……笑）。

　さて、エビングハウスの忘却曲線とは何なのでしょうか。忘却とは忘れるという意味、曲線はその名のとおり、曲がった線です。ここで実験の話に戻りますが、実験の内容に興味がなく、考え方だけを知りたいという方はここを飛ばしてグラフの後から読んでください。

エビングハウスは、無意味な単語を一旦記憶し、一定時間後にどれぐらい覚えているかという割合を調べてこの曲線を導きました。結果が以下の図です。

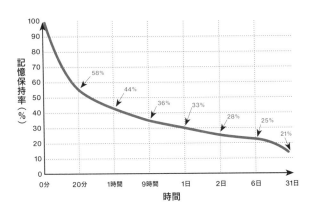

20分後の記憶保持率	58%（＝42%忘却）
1時間後の記憶保持率	44%（＝56%忘却）
9時間後の記憶保持率	36%（＝64%忘却）
1日後の記憶保持率	33%（＝67%忘却）
2日後の記憶保持率	28%（＝72%忘却）
6日後の記憶保持率	25%（＝75%忘却）
1ヵ月後の記憶保持率	21%（＝79%忘却）

　記憶保持率とは、ここでは覚えていた率と考えましょう。100%から記憶保持率を差し引いた数値が、忘れた割合ということになります。
　この曲線を見ていただくとわかるように、単語を記憶した直後から急に記憶の定着率が下がっていきます。そして時間が経つと定着率の下がり具合がゆるやかになってきます。ともかく、何かを覚えても1日経てば3分の2、2日経てば4分の3が失われてしまうのです。どうすればよいのでしょうか。
　ヒントとなるのは、エビングハウスが行ったもう一つの実験です。エビン

グハウスはこの定着率の下がり具合を見て、別の実験を行いました。その実験とは、一度覚えた単語を1日ごとに復習するというものです。

結果はどうなったでしょうか。グラフをご覧ください。

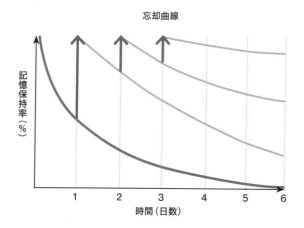

忘却曲線

記憶保持率（％）

時間（日数）

赤い線は、一度覚えてそのままにした場合の定着率です。1日後に復習すると、初日と同じように定着率が100％に戻りますが、それも2日目にはまた定着率が下がっていきます。そこで、2日目にも再度復習して100％までもっていきます。

こうして同じ動きをくり返すと、初日の赤い線のように「急激に定着率が下がる」のではなく、定着率の下がりぐあいが改善されることになります。つまり、適切なタイミングで復習すれば、記憶が失われる度合いを示すカーブがゆるやかになり、記憶定着率が上がるのです。

みなさんも子どもの頃から、「復習が大事」と言われ続けてきていると思います。なぜ大事なのか、どのようなタイミングで復習すればよいのかということを論理的に知って、ぜひ復習の方法を身につけてください。

第2章

「アルゴリズム音読」
の4方法

では、具体的に「アルゴリズム音読」の方法をお伝えします。アルゴリズム音読では、1つの英語の文章を1日5分×2回音読します。同じ文章を4日間連続で用いますが、音読する方法は4種類あります。

　この本の第3章では8つの英文を用意しました。4日間×8つの文章で合計32日間、つまり約1ヵ月で完成するプログラムです。詳しくは第3章でお伝えしますが、全体像は次の図のようになります。

アルゴリズム音読イメージ

5分音読A	10〜20分休憩（オプションコンテンツ1A＋1B）	5分音読B
5分音読A	10〜20分休憩（オプションコンテンツ2）	5分音読B
5分音読C	10〜20分休憩（オプションコンテンツ3）	5分音読D1
5分音読C	10〜20分休憩（オプションコンテンツ4）	5分音読D2

—— × 8ラウンド＝32日（約1ヵ月）——

　毎日「5分音読」を2回行います。1回目と2回目の間には休憩を入れ、この間に「**オプションコンテンツ**」に取り組む。これが「アルゴリズム音読」の手順、つまり「アルゴリズム」です。「**5分音読A〜D1／D2**」は「アルゴリズム音読」のコアとなるトレーニングを、「**オプションコンテンツ1A／1B〜4**」は音読以外のプラスの取り組みを指します。具体的にはこの章の後や第3章で詳しく説明していきますので、ここでは概要のみ記します。

▶ **5分音読A**　まねして音読（リピーティング）
▶ **5分音読B**　見上げて音読（リード・アンド・ルックアップ）
▶ **5分音読C**　追っかけ音読（シャドーイング）
▶ **5分音読D1**　瞬訳音読（英語から日本語への瞬間和訳）⎤
　　　　　　　　　　　　　　　　　　　　　　　　　　　｜5分音読D
▶ **5分音読D2**　瞬訳音読（日本語から英語への瞬間英作文）⎦

▶ **オプションコンテンツ1A**　英文全訳とフレーズ対応訳

▶ **オプションコンテンツ1B**　単熟語リスト

▶ **オプションコンテンツ2**　文構造・文法解説

▶ **オプションコンテンツ3**　単語ストック

▶ **オプションコンテンツ4**　文法事項の強化＋重点ストック

　5分という限られた時間内に集中して音読することで、「英語の文構造を意識した語順感覚」を身につけることができます。また、毎日行う音読方法と英文が決まっているので、「さて今日は何を勉強しようか」「どうやって勉強しようか」など考えなくても、アルゴリズムに乗っかって勉強が進むしくみになっています。

　また、2回の5分音読の間にはさむ10分～20分の休憩時間に「オプションコンテンツ」を使って学ぶことで、さらに効果が高まります。可能なかぎり、ぜひ取り組みましょう。

　こうして、同じ英文をくり返すことによって英語のストックが身につきます。英語を苦手とする人に共通するのは「英文のストック」がないことです。英文のストックというのは、自分の体に染み付いている英文のことで、深く考えなくても出てくる英文のことです。

　例えば、This is a pen. や、My name is ～. I'm fine, thank you. などは、すっと出てくる人が多いのではないでしょうか。これらは中学校で何度もくり返した例文だからです。

　シンプルかつわかりやすい中学レベルの英文をさまざまな方法で音読することにより、英文のストックを身につけていきましょう。音読は、よい発音が身につく、英語を聞き取るリスニング能力が向上するなど、よいことずくめの方法なのです。

　では、次のページからは4つの音読方法をご紹介します。ぜひマスターしてください。

▶ 5分音読A　まねして音読（リピーティング）

　中学生時代を思い出してください。学校で英語の先生が「リピート・ア
フター・ミー」と言った後に、先生のマネをして音読をしたと思います。
「まねして音読」はこれと同じように、英文をリピートする方法です。

　従来からある何のへんてつもない音読方法ですが、ある点を意識しな
がらリピートするのが大事です。それは「正しく発音できるようになる」
ことです。「正しく発音できるようになる」とは英語らしい音を作り出せ
るということです。このため音読教材は、音声CDなど、音声データが付
いているものを選ばなければなりませんが、必ずしもネイティブと同じよ
うに発音できるようになる必要はありません。「正しく発音」すればよい
のです。

　では、「正しく発音」して「まねして音読」を行うポイントを4つ挙げま
す。

- ▶ **ポイント1**　チャンク（意味のカタマリ）
- ▶ **ポイント2**　リエゾン
- ▶ **ポイント3**　強弱のリズム
- ▶ **ポイント4**　脱日本語発音

ポイント1　チャンク（意味のカタマリ）

　「チャンク」とはカタマリを指します。短い文ならばあまり意識する必要
はないのですが、関係代名詞、分詞、不定詞などの文法事項が入ってくる
と、カタマリを意識しなければなかなか身につきません。例えば次の文を
見てみましょう。

The man standing over there is our English teacher.

あそこで立っている男性は私たちの英語の先生だ。

　この文の構造は次のとおりです。

The man standing over there /

　is our English teacher. //

　このように2つのカタマリに分けられます。チャンクの区切り方は人それぞれなので、どこで分けるべきかというのは決まっていません。音読教材を選ぶ時、英文のチャンクごとにスラッシュ（ / ）が入っているものにすると「あ、ここで切ればよいのか」とわかるので、おすすめです。

ポイント2　リエゾン

　リエゾンとは、2つの単語の音がつながって発音が変わることを指します。例えば、an apple を普通に読むと、「アン」「アップル」となります。しかし実際にはこの2語は続けて読まれるため、an [ən] の末尾にある n [n] と、apple [æpl] の先頭の [æ] が重なって、[næ] という音になります。つまり an apple は [ənæpl]、カタカナでは「アナップル」と発音されます。
　別の例で言うと、line [láɪn] と up [ʌp] であれば、「ライン」「アップ」ではなく、n と u が重なって [láɪnʌp]「ライナップ」になるわけです。
　基本的には、「単語末尾の子音と、次の単語の母音 [aeiou] が重なる」と考えるとよいと思います（もちろん例外はあります）。

ポイント3　強弱のリズム

　日本語は強弱のリズムが少なく、平坦な言語と言われます。一方、英語は非常に強弱リズムを非常に重視している言語だと言えます。
　強弱のリズムは大きく2つあります。1つは「単語の強弱」。英語の授業で、「アクセント」として習っていると思います。もう1つは「文中の強弱」。学校ではあまり習わないと思いますが、非常に大事な要素です。

3-1　単語の強弱

　beautiful を日本語読みすると「ビューティフル」と、平坦な発音になってしまうかもしれません。しかし、発音記号は [bjúːṭəf(ə)l] となり、ウの位置にアクセント記号がきています。ここを強く、逆にアクセント記号

のない部分は弱めに発音します。つまり、「**ビュー**ティフル」という感じに発音します。初めは少し極端なぐらいでもよいと思います。

3−2　文中での強弱

次の文を見てみましょう。

He forgot to do a writing assignment given by his
・　　　●　・　・　・　●　　　　・　　　・　・

homeroom teacher.
　　●　　　　　・

（・は弱、●は強）

このようにリズムの強弱をつけて発音します。同じ英文でも、発信者が伝えたい内容によって、・（弱）と ●（強）の位置が変わることがあります。
また、先程出てきた「チャンク」という意味のカタマリでリズムを取っていきましょう。

He forgot / to do a writing assignment /
given by his homeroom teacher.

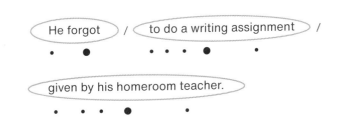

カタマリを一息で読むイメージで、そこに ・（弱）と ●（強）のリズムを乗せていきます。慣れるまでなかなか難しいと思いますので、音声データをしっかり聞き、意識しながら「まねして音読」をしましょう。

ポイント4 脱日本語発音

　日本語発音から抜け出し、できるだけ英語らしい発音に近づけるには、特に子音の発音方法に気をつけてみましょう。完全に身につけることが大事なのではなく、どのように発音したらよいのかを知ることがポイントです。

　注意すべき発音は4通りあります。

　▶S、SH、TH
　▶F、V
　▶R、L
　▶末尾の子音

では、ひとつずつ見ていきましょう。

4-1　S、SH、TH

　日本語では全て「サ行」で済ませてしまう音です。see [síː] は「シー」と発音してしまいがちですが、どちらかというと「スィー」という音になります。一方、she [ʃíː] は日本語の「シー」に近い音です。

　発音記号 [s] は「スー音」、[ʃ] は「シュー音」と呼ばれます。「スー」という音と「シュー」という音を出し比べてもらったら、発音の方法がわかると思います。

　th のつづりの発音は、「濁らない音」[θ] と「濁る音」[ð] の2種類に分かれます。

　「濁らない音」[θ] は、日本語発音では「サ行」で発音してしまいがちです。例えば、three [θríː] は「スリー」と発音する人が多いのではないでしょうか。

　[θ] の発音方法は、舌の先を軽く上の歯と下

の歯の間ではさみ、空気を漏らすようにして濁らない音を出すことです。[s] の音に近いですが、よく聞いてみると音が漏れるような発音になっていることに気づくことでしょう。

　一方、「濁る音」[ð] は、日本語発音をしてしまうと「ザ行」で発音してしまいがちです。例えば、the [ðə] は「ザ」と発音する人が多いのではないでしょうか。

[ð] も舌の先を軽く上の歯と下の歯の間ではさみ、空気を漏らすようにして音を出すのですが、θと違って濁る音を発します。[z] の音に近いですが、よく聞いていると違いがわかるようになってきます。

4-2　F、V

[f] も [v] も、上の歯に下の唇を触れて、歯と唇の間から空気を出しながら発音します。日本語の「フ」や「ブ」とは異なる音です。英語でhとf、bとvは全く違う音なので、使い分けられるようにしておきましょう。

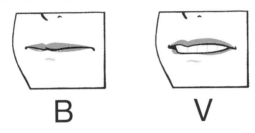

4-3　R、L

日本人が最も苦手とする音です。どちらもラ行の音で済ませがちですが、厳密に言うとどちらもラ行では表せません。

日本語のラ行は口の中の上の部分（口蓋）に舌を触れながら発音しますが、rの場合、舌の先はどこにも触れず、宙に浮かせる感じです。舌をどこにもつけずに「ラリルレロ」と発音してみてください。日本語の「ラリルレロ」とは全く異なる発音になると思います。

一方、lの発音は、舌先を上の歯の付け根に押し当てるようにして発音します。日本語のラ行に比べて舌が前の位置にあることを意識してください。これも、舌先を上の歯の付け根に押し当てるようにして「ラリルレロ」と言ってみてください。日本語の「ラリルレロ」とは違うことがわかると思います。rは舌をどこにもつけない、lは舌を上の歯につける。これだけで通じる発音になりますし、当然聞き取れるようにもなります。

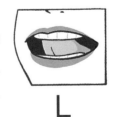

4 - 4　末尾の子音

　日本語を発音する時、子音には必ず母音がついています。ローマ字表を見てみると、「カ行」であれば、k に aiueo の母音がくっついて、ka / ki / ku / ke / ko となります。サ行でもマ行でも必ず s や m に aiueo の母音がついています。

　そのため、英語を発音する時でもつい母音をくっつけたくなるのですが、英語の子音には母音がつかないことが多いのです。book という単語を「ブック」と発音する人が多いと思いますが、発音記号は [bʊk] であり、k の後ろに母音はありません。u をつけると [bʊku] となるはずですが、そうではありません。同様に、desk の発音記号は最後に u のついた [désuku] ではなく [désk] ですから、「デスク」ではありません。

　もちろん子音に母音がつくこともあります。しかし、日本語のように子音とセットで必ず母音がついているという考えはなくしましょう。子音で終わる音は子音の発音をすることを意識してください。本書では初心者の方にも発音しやすいようにカタカナで発音を表記しています。ですが、S / SH / TH、F / V、R / L の音や、末尾の子音はカタカナ表記通りの日本語発音にならないよう、気をつけてください。

　先程もお伝えしたように、これらすべての発音を完璧に再現する必要はありませんが、どのように発音したらよいのかを考え、それを意識しながら音声を聞き、そしてその音声をまねしてみてください。そうすれば、より英語らしい発音になるとともに、リスニング能力も格段に上がります。

▶ 5分音読 B 　見上げて音読（リード・アンド・ルックアップ）

　5分音読 B「見上げて音読」は、英文を見ていったん頭に入れてから、英文から目を離し、英文を見ることなく音読する方法です。

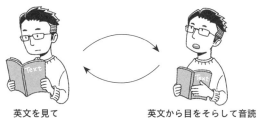

英文を見て　　　　　　　英文から目をそらして音読

　5分音読 A「まねして音読（リピーティング）」は発音に注意を向けることを目的としていましたが、5分音読 B「見上げて音読（リード・アンド・ルックアップ）」では、英文を頭に入れることが目的です。

　最も一般的な音読方法は、英文を見ながら声に出すやり方です。しかしこれは英文が頭に入らず、見ている情報（英文）をただ声に出すだけという「作業」になってしまい、脳に残らない可能性があります。そこで従来の方法を変更してみました。英文を見ていったん頭に格納してから今度は英文から目を離し、英文を見ずに声を出すという方法に変えたのが「見上げて音読」です。

　英文を見ずに頭に入れるという工程を経ることで、英文が脳をしっかり通過し、頭にストックされる第1段階となります。ただ声に出すだけの音読から一歩進み、いったん目を離して音読するという工程をはさむことで、「英文を頭に格納しよう」という意識が生まれるのです。

5分音読 B：見上げて音読（リード・アンド・ルックアップ）の方法

❶ 英文（またはスラッシュで区切られたカタマリ）を見て、いったん頭の中に留めます。

❷ 顔を上げて、天井などを見ながら頭の中に留めた英文（またはカタマリ）を発音します。

❸ 次の英文（またはカタマリ）に移って、最後までこれをくり返します。

ただこれだけです。「まねして音読」と違う点は、いったん英文から目を離すという点です。初めは少し難しいと感じるかもしれませんが、だんだんと慣れてきます。

では、「見上げて音読」を行う際に意識するポイントを３つ挙げます。

- ▶ **ポイント1** スラッシュで区切られたカタマリ
- ▶ **ポイント2** 主語と動詞
- ▶ **ポイント3** 文法・熟語・文構造

ポイント1 スラッシュで区切られたカタマリ

「スラッシュ」というのは、むやみやたらに引いてあるわけではありません。意味の区切れ目で入っているのです。まずは「スラッシュが英文の意味のひとカタマリ」であることを意識して音読しましょう。

ポイント2 主語と動詞

スラッシュの区切り目というのは、主語や動詞も関係しています。次の文を見てみましょう。

The man standing over there is our English teacher.

これをスラッシュで区切ります。

The man standing over there / is our English teacher. //

このように２つのカタマリに分けることができます。be動詞である is の前までが主語のカタマリです。この文は主語のカタマリが長いため、ここで区切られているのです。

　スラッシュの区切り目は、主語や動詞のほか、いくつかの文法事項や熟語も関係しています。次の文を見てみましょう。

Please turn off the mobile phone in the theater until the
movie is over.

スラッシュで区切るとこうなります。

Please turn off the mobile phone in the theater / until the
movie is over. //

　until は接続詞であり、その前までが1つのカタマリです。つまりこの文は接続詞の前後で2つに分かれています。

　このように、文の区切り目にはなんらかの理由があります。その理由、つまりここで使われている文法や文構造がきちんとわかっていればベストですが、初めからそこまで理解している必要はありません。「なぜこの文はここで区切られているのだろうか」と意識し、「これは主語のカタマリかな？」「目的語のカタマリかな？」「それとも何か別の文法事項が絡んでいるのかな？」と考えるくせをつけましょう。

　慣れてきたら、カタマリ単位の音読だけではなく、一文ごとの「見上げて音読」にもチャレンジしてみましょう。その際もカタマリを意識しながら音読すると、より効果が高くなります。

　なお、第3章の英文には「文法」と「文構造」の解説は「オプションコンテンツ2」、熟語は「オプションコンテンツ1」としてトレーニングに組み込んであります。ぜひ参照してください。

▶ 5分音読 C   追っかけ音読（シャドーイング）

　オーディオプレーヤーなどで音声を流しつつ、その音を聞きながら音読するのが「追っかけ音読」です。「聞きながら」というのがポイントで、かなりの集中力を要します。

　まずは英文を見ながら練習しましょう。絶対に、流れている音声より先の文章を発音しないでください。音声より先に発音してしまうのは、音声を聞いていないということになります。

　音声が速すぎる場合にはいったん停止などをしても構いませんが、必ず聞こえてくる音声を再現するように努めましょう。

　また、Audipoというスマートフォン用のアプリもあります。このアプリは音声の速度調整ができるため、「60％の速度」などゆっくりと再生することができて、おすすめです。

　「5分音読A：まねして音読」では「発音」、「5分音読B：見上げて音読」では「英文の一時ストック」を目的とし、それぞれのポイントを意識してきました。「追っかけ音読」の目的は、「発音」と「英文ストック」の両方ですが、それぞれ1つずつポイントがあります。2つのことに同時に集中するのは難しいので、1回目は「発音」、2回目は「英文ストック」に意識を向ける、というようにターゲットを絞って音読しましょう。

- ▶ **ポイント1**　音声の再現
- ▶ **ポイント2**　脳内への英文記憶

ポイント1 音声の再現

　目的は「発音」にあります。「まねして音読」では、発音の基本として、チャンク、リエゾン、強弱のリズム、脱日本語発音を意識してきました。「追っかけ音読」では耳と口を連動させて、聞こえてくる音声に集中し、できるだけ再現して音読するよう努めましょう。

　第3章の実践編では、各ラウンドの3日目と4日目に「追っかけ音読」を行います。1回目の「追っかけ音読」をする3日目で、このポイント1を意識しましょう。

ポイント2 脳内への英文記憶

　目的は「英文ストック」です。「5分音読B：見上げて音読」では「英文の一時ストック」を目的とし、いったん数秒間でも英文を脳内に留めておくトレーニングをしました。ここでは、英文を一字一句見逃さずに発音することで、脳に英文を記憶させていきます。

　第3章の実践編では、各ラウンドの3日目と4日目に「追っかけ音読」を行います。2回目の「追っかけ音読」をする4日目で、このポイント2を意識しましょう。

　なお、少し慣れてきたら、英語本文を見ずに、音声だけを頼りに音読してみましょう。これができればかなりの達成感を感じられるはずです。「追っかけ音読」は「発音」の矯正と「英文ストック」のために非常によいトレーニングなのです。

▶ 5分音読 D　瞬訳音読

　「瞬訳音読」とは、英語から日本語、または日本語から英語に瞬時にテンポよく訳すトレーニングです。5分音読D1が英語から日本語への瞬間和訳、5分音読D2が日本語から英語への瞬間英作文です。

　これまで、「5分音読A：まねして音読」、「5分音読B：見上げて音読」、「5分音読C：追っかけ音読」とくり返し音読してきた英文を、今度は瞬時に訳していく音読方法です。

　これまで3種類の音読でストックしてきた英文には、日本語での意味が紐づけされていませんでした。ここで「瞬訳音読」をすることによって、ストックされた英文と日本語の意味を結びつけていきます。

　音読の素材は、できればスラッシュごとに区切られた英文、およびその和訳がよいです。

　まず、すでに第1章と第2章で挙げた文でやってみましょう。

　　The man standing over there is our English teacher.

　第2章で述べたとおり、この文は次のように2つのカタマリに分けることができます。

　　The man standing over there /
　　is our English teacher. //

対応する日本語訳をそれぞれ記します。

The man standing over there	あそこに立っている男性は
is our English teacher.	私たちの英語の先生だ

　これを、左右どちらか、つまり英文か日本語訳のどちらか一方だけを見ながら反対側の言語を言えるようにするのが「瞬訳音読」です。手順はそれぞれ次のとおり。

▶ 5分音読 D1 瞬訳音読（英語から日本語への瞬間和訳）

　右側の「あそこに立っている男性は」を手で隠したまま、左側の The man standing over there の英文を見て、「あそこに立っている男性は」と日本語で音読します。

　続いて、同じように右側の「私たちの英語の先生だ」を手で隠したまま、左側の is our English teacher. という英文を見て、「私たちの英語の先生だ」と日本語で音読します。

▶ 5分音読 D2 瞬訳音読（日本語から英語への瞬間英作文）

　今度は D1 の逆の手順を行います。左側の The man standing over there を手で隠したまま、右側の「あそこに立っている男性は」という日本語訳だけを見て、The man standing over there と英語で音読します。

　続いて同じように左側の is our English teacher. を手で隠したまま、右側の「私たちの英語の先生だ」という日本語訳だけを見て、is our English teacher. と英語で音読します。

　これまで3日間、何度もくり返してきた文です。ゼロからいきなり英作文するわけではなく、すでにストックがあるのです。今までの音読によってできあがった英文のストックに対して、ここで意味が加わる手続きです。まさにアルゴリズムなのです。

　さて、瞬訳音読のポイントは1つだけです。

ポイント1　一字一句正確な訳を音読

　「瞬訳音読」では、英単語ひとつひとつが正確に反映されている日本語訳を音読する必要があります。日本語として若干不自然であっても、一字一句間違いない訳文を口から出す、これが重要です。「瞬訳音読」では、「まねして音読」と「追っかけ音読」で意識してきた発音についてはあまり気にしなくてよいです。

　瞬訳音読では、以下の技能が鍛えられます。

Reading（リーディング）

チャンク（カタマリ）ごとに意味を捉えることができるようになる。

Listening（リスニング）

聞きながらチャンクごとの意味を捉えることができるようになる。リーディングと違い、リスニングでは英文がどんどん進んでいく。英文を後ろからしか訳せない人は、訳そうとしている間に音声が流れていくことになる。だが瞬訳音読によって「聞きながら」意味を捉えられるようになる。

Writing（ライティング）

「日本語から英語」のプロセスがスムーズになり、かつチャンクで意味を捉えられるようになる。そのためアウトプットが容易になる。

Speaking（スピーキング）

「日本語から英語」のプロセスがスムーズになる。そのため容易にアウトプットできるようになる。

なお、瞬訳音読においては、慣れるまでは、英語にも日本語にもスラッシュで区切りが入っている英文を使うほうがよいでしょう。チャンクごとに分かれている訳が手元になければ一文ごとに瞬訳音読するという方法もありますが、一文が長すぎるとなかなか進まず、ストレスがたまってしまうかもしれません。

さて、いよいよこの本の心臓部「アルゴリズム音読実践編」に入ります。コーヒーを飲みつつコラムでひと息ついてから、ぜひ口と手、目を使って第3章を実践していきましょう！ この通りにやれば必ず結果は出ます！ 1日たったの10分です。私を信じてついてきてください！

資格対策

　資格を取得しようとしている方は、まず戦略を練りましょう。そのためには、まず自分がどこにいて、ゴールはどこにあるのかをしっかりと把握しなければなりません。ナビと同じです。

　スマートフォンを使ってどこかへ行こうとする時、GPSによる現在位置と目的地の住所がなければたどり着くことができません。Googleマップなら、現在位置と目的地の住所さえあればかってにルートを検索してくれますが、資格取得の時はそのルート（戦略）を自分で描く必要があります。

　まず自分の位置を知るという点です。自分の位置とは、自分の英語のレベルです。自分の英語のレベルを知るには、何かの資格を受験することが手っ取り早いです。

　英検であれば過去問が無料で公開されているので、これをダウンロードして取り組んでみるのもよいかもしれませんが、ライティングの部分は自己採点しづらいので、正しいレベルを割り出すことが少し難しいかもしれません。また、過去問などで自分のレベルを自ら調べようとする場合、「実際の試験と同じ時間で過去問を解く」ことをしっかりと守らなければ、正しいレベルを知ることはできません。自分で過去問を解く時は、どうしても「まず半分やって、明日半分やろう」とか、「あと少しだから10分延長しよう」とか、逆に「早く終わったから早く採点してしまおう」などとしがちですが、これでは正しいレベルを知ることはできないのです。必ず「実際の試験と同じ時間で過去問を解く」ことによって、自分のレベルを把握してください。

　次に、「ゴールはどこにあるのか」をしっかりと把握しましょう。「ゴール」とは、自分の目指す英語力です。いきなり「ネイティブとペラペラしゃべれるようになる」という途方もないゴールではなく、半年や1年かけて目指したい英語のレベルです。例えば、「英検２級をとりたい」などという明確なゴールの方が望ましいです。

　では、現在地もゴールもわかった状態において、どのような戦略を練ればよいのでしょうか。

　現在地とゴールの間には必ず何らかの溝（ギャップ）があるはずです。現在地がTOEIC 600点でゴールが700点ならば100点のギャップ、現在地が英検準２級でゴールが２級なら、その間の点数がギャップです。戦略とは、その溝をどのように埋めていくのかを考えることです。

Googleマップならば現在地とゴールの間のルートは自動的に出てきますが、そのルートはいくつかあるかもしれません。同じように、英語学習のルートももちろんたくさんあります。

　戦略を練るためには、どのような教材を使ってアルゴリズム音読をしたらよいのか、1日のうち何時ごろを学習に当てることができるのか、何年何月何日にゴールを達成したいのか、そのゴールを達成するためにはいつ何回チャンスがあるのか、などを考えて明確化します。

　また、そのゴールは一発で達成する必要はありません。例えば、現時点で英検準2級、来年の同じ時期に英検2級を取得することをゴールに設定するとしましょう。英検は少なくとも年3回開催されますので、3回受験して2級を取得すればよいのです。

　また、英検は級だけでなく、CSEスコアという細かい点数も出ます。現時点で英検準2級（CSEスコア1322点）、目指すべき級が2級（CSEスコア1520点）であれば、1520 − 1322 = 198、この198点がギャップです。この198点を3回に分けます。198 ÷ 3 = 66ですので、1回受験あたり66点のスコアアップを目指せばよいと思うと気が楽になると思います。

　このように、ゴールを設定したあとで、それを達成できるよう、戦略をしっかり練りましょう。

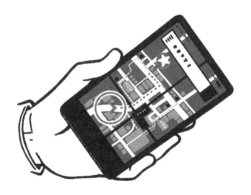

第 3 章

「アルゴリズム音読」
実践編

「アルゴリズム音読」
実践のために

　「アルゴリズム音読」は4日間で1ラウンド、4日×8ラウンド＝32日間で完成するプログラムです。第2章で挙げた図をもう一度見てみましょう。

アルゴリズム音読イメージ

5分音読A	10〜20分休憩（オプションコンテンツ 1A＋1B）	5分音読B
5分音読A	10〜20分休憩（オプションコンテンツ 2）	5分音読B
5分音読C	10〜20分休憩（オプションコンテンツ 3）	5分音読D1
5分音読C	10〜20分休憩（オプションコンテンツ 4）	5分音読D2

―――― ✕ 8ラウンド＝32日（約1ヵ月） ――――

　毎日「5分音読」を2回行います。まず1回目の音読。ここで休憩を入れ、この間に「オプションコンテンツ」に取り組む。その後、2回目の音読をします。1回目と2回目とでは、音読の種類が異なることに注意しましょう。「5分音読」は第2章で記したとおり、4パターンあります。

▶ **5分音読A**　まねして音読（リピーティング）

▶ **5分音読B**　見上げて音読（リード・アンド・ルックアップ）

▶ **5分音読C**　追っかけ音読（シャドーイング）

▶ **5分音読D1**　瞬訳音読（英語から日本語への瞬間和訳）

▶ **5分音読D2**　瞬訳音読（日本語から英語への瞬間英作文）

5分音読D

音読以外の「オプションコンテンツ」の内容は次のとおりです。オプションコンテンツは毎日異なりますので、それぞれのタイミングで詳しく説明することとします。

▶ **オプションコンテンツ1A**　英文全訳とフレーズ対応訳
▶ **オプションコンテンツ1B**　単熟語リスト
▶ **オプションコンテンツ2**　文構造・文法解説
▶ **オプションコンテンツ3**　単語ストック
▶ **オプションコンテンツ4**　文法事項の強化＋重点ストック

「アルゴリズム音読」実践にあたっては、次の2点がポイントです。

ポイント1　5分間めいっぱい

すべての音読について、タイマー等で5分間カウントします。英文を1度だけ読むのではなく、5分間めいっぱい使って英文の音読を何回もくり返しましょう。速く読んで音読回数を無理に上げようとする必要はありません。それよりも「発音」「英文ストック」という目的に沿って、それぞれの音読方法のポイントに意識を置いて音読することが大切です。

ポイント2　音読と音読との間に休憩をはさむ

1日2種類の音読をする間に、10分〜20分の休憩を取ります。この休憩時間に、トレーニングをさらに深めるためのオプションコンテンツに積極的に取り組みましょう。もちろんこの間メールをチェックしたり、トイレに行ったりしてもOKです。ただし、前もって必ず休憩時間を決めておき、タイマー等を使って時間を区切りましょう。5分音読の1回目を朝、2回目を晩に行うなど決め、休憩を20分以上取っても構いません。しかし、同じ日に必ず2種類の音読を行いましょう。

「アルゴリズム音読」は4日間で1ラウンドとなります。1ラウンドで4種類の「5分音読」をそれぞれ2回ずつくり返します。5日目からは次のラウンドとなり、別の英文を使ってトレーニングに取り組みます。では、早速「アルゴリズム音読」を実践してみましょう。

アルゴリズム音読記録表

音読を行った日付と、音読した回数を記入しましょう。

音読パターン	1日目		2日目		3日目		4日目	
	A (1回目)	B (1回目)	A (2回目)	B (2回目)	C (1回目)	D1 (1回目)	C (2回目)	D2 (1回目)
第1ラウンド	月　日		月　日		月　日		月　日	
	回	回	回	回	回	回	回	回
第2ラウンド	月　日		月　日		月　日		月　日	
	回	回	回	回	回	回	回	回
第3ラウンド	月　日		月　日		月　日		月　日	
	回	回	回	回	回	回	回	回
第4ラウンド	月　日		月　日		月　日		月　日	
	回	回	回	回	回	回	回	回
第5ラウンド	月　日		月　日		月　日		月　日	
	回	回	回	回	回	回	回	回
第6ラウンド	月　日		月　日		月　日		月　日	
	回	回	回	回	回	回	回	回
第7ラウンド	月　日		月　日		月　日		月　日	
	回	回	回	回	回	回	回	回
第8ラウンド	月　日		月　日		月　日		月　日	
	回	回	回	回	回	回	回	回

第 1 ラウンド

時制

Airline
Announcement

を音読しよう！

▶ **5分音読A**　まねして音読（リピーティング）　 1回目

※詳しい方法は28ページを参照

　音声に続いて、発音に注意しながら Airline Announcement を音読しましょう。

5分間で目標とする音読回数	現在の英語力レベル	
3回	英検準2級	TOEIC 400〜500点
3.5回	英検2級	TOEIC 500〜700点
4回	英検準1級	TOEIC 700〜800点

Airline Announcement

"Ladies and gentlemen, we ₁<u>have</u> started our descent into Tokyo area. The seat belt sign will be turned on ₂<u>in about</u> 25 minutes. We will be finishing our service and cabin attendants will prepare for landing. If you'd like to leave your seat, please be back by the seat belt sign ₃<u>turns on</u>. Please make sure that your seat ₄<u>backs and</u> tray tables are in ₅<u>their</u> full upright position. Please turn off all electronic devices until we ₆<u>arrive at</u> the gate. The flight attendants are currently walking around the cabin to ₇<u>make a</u> final check and collect garbage. We appreciate your cooperation. Thank you."

　番号と下線のついた箇所は特に発音に注意するポイントです。次の説明にしたがって音読しましょう。

❶ have

　「ハブ」と発音しがちですが、BとVの発音は異なります。have [həv] の v 「ヴ」は、上の歯を下唇に当てるようにして、濁らせた音を出してください。

❷ in about

　「イン」「アバウト」ではなく、in [in] の [n]「ン」と about [əbáʊt] の [ə]「(弱い) ア」が重なって「イナバウト」という発音になります。

❸ turns on

　「ターンズ」「オン」ではなく、turns [tə́ːnz] の [z]「ズ」と on [ɔːn] の [ɔː]「オー」が重なり、「ターンゾーン」という発音になります。

❹ backs and

　「バックス」「アンド」ではなく、backs [bǽks] の [s]「ス」と and [ənd] の [ə]「(弱い) ア」が重なり、「バックサンド」という発音になります。

❺ their

　their [ðəɚ] の th [ð] の音は「ズ」と発音しがちですが、th [ð] は上と下の前歯の間を少しあけ、その間を舌の先で軽く触れるようにしながら濁った音を出します。

❻ arrive at

　「アライブ」「アット」ではなく、arrive [əráɪv] の「ヴ」と at [ət] の「ア」が重なり、「アライヴァット」という発音になります。v の発音は❶と同じです。

❼ make a

　「メイク」「ア」ではなく、make [méɪk]「ク」と a [ə]「ア」が重なり、「メイカ」という発音になります。

　5分間の音読回数を、48ページの「アルゴリズム音読記録表」に記録してください。ここで休憩を取りましょう。

▶10〜20分休憩　タイマーのセットを忘れずに！

　この間、次ページの**オプションコンテンツ1A　英文全訳とフレーズ対応訳**で、全体の流れと意味を把握しましょう。次に**オプションコンテンツ1B 単熟語リスト**で、意味のわからない語彙をしっかりおさえておきましょう。

1日目　　休憩時間のオプションコンテンツ

「オプションコンテンツ」とは、1回目と2回目の「5分音読」の間に行う「オプション」の内容です。オプションではありますが、取り組んでいくと「アルゴリズム音読」のパワーがさらに高まり、頭に英文がどんどんストックされていくのが実感できるはずです。

では1日目のコンテンツです。

▶ **オプションコンテンツ1A**　英文全訳とフレーズ対応訳

取り組み　音読した英文全体の意味を確認し、理解と異なる箇所については フレーズ対応訳で見直しておきましょう。

全訳

機内アナウンス

「ご搭乗のみなさま、当機は東京エリアへの降下を開始いたしました。シートベルトランプがあと25分ほどで点灯いたします。機内サービスはまもなく終了し、キャビンアテンダントは着陸のための準備をいたします。もし席をお立ちになられたい場合は、シートベルトランプが点灯する前にお戻りください。背もたれとトレイテーブルが（元の）まっすぐな位置に戻っていることをお確かめください。ゲートに到着するまで、すべての電子機器の電源は切っておいてください。キャビンアテンダントが最終チェックをしながら不要なものを回収するため機内をまわっております。皆さまのご協力に感謝いたします。ありがとうございます」

☐	Airline Announcement	機内アナウンス
☐	"Ladies and gentlemen,	「(紳士淑女の) ご搭乗のみなさま
☐	we have started our descent into Tokyo area.	当機は東京エリアへの降下を開始いたしました
☐	The seat belt sign will be turned on	シートベルトランプが点灯いたします
☐	in about 25 minutes.	あと25分ほどで
☐	We will be finishing our service	機内サービスはまもなく終了いたします
☐	and cabin attendants will prepare for landing.	そしてキャビンアテンダントは着陸のための準備をいたします
☐	If you'd like to leave your seat,	もし席をお立ちになられたい場合は
☐	please be back by the seat belt sign turns on.	シートベルトランプが点灯する前にお戻りください
☐	Please make sure	～をお確かめください
☐	that your seat backs and tray tables	背もたれとトレイテーブルが～であること
☐	are in their full upright position.	(元の)まっすぐな位置に戻っている
☐	Please turn off all electronic devices	電子機器の電源は切っておいてください
☐	until we arrive at the gate.	ゲートに到着するまで
☐	The flight attendants are currently walking around the cabin	キャビンアテンダントは現在機内をまわっております
☐	to make a final check and collect garbage.	最終チェックをしながら不要なものを回収するために
☐	We appreciate your cooperation.	皆さまのご協力に感謝いたします
☐	Thank you."	ありがとうございます」

▶ **オプションコンテンツ1B** **単熟語リスト**

　音読していて意味がわからなかったり、あやふやだったりした単語
は、ここで確認しておきましょう。これらの単語を頭に入れると、さら
に音読の効果が高まります。

□	airline	名 航空会社
□	announcement	名 アナウンス、お知らせ
□	descent	名 降下 ⇔ ascent 名 上昇
□	cabin	名〈航空機などの〉機室、客室
□	landing	名〈飛行機・宇宙船の〉着陸
□	'd like to (would like to)	～したいと思う
□	tray	名 盆、トレイ
□	upright	形 まっすぐ立った、直立した
□	currently	副 現在は、今のところ
□	cooperation	名 協力、提携

▶ **5分音読 B** 　見上げて音読（リード・アンド・ルックアップ）　（1回目）

※詳しい方法は34ページを参照

　音声は聞きません。スラッシュで区切られたフレーズごとに、**Airline Announcement** の英文を見て頭に入れます。その後本文から目を離し、天井などを見上げながらこのフレーズを口から出しましょう。本からいったん目を離してルックアップする（見上げる）のがポイントで、このとき英文が脳に格納されていきます。

5分間で目標とする音読回数	現在の英語力レベル	
2.5回	英検準2級	TOEIC 400〜500点
3回	英検2級	TOEIC 500〜700点
3.5回	英検準1級	TOEIC 700〜800点

Airline Announcement

"Ladies and gentlemen, / we have started our descent into Tokyo area. // The seat belt sign will be turned on / in about 25 minutes. // We will be finishing our service / and cabin attendants will prepare for landing. // If you'd like to leave your seat, / please be back by the seat belt sign turns on. // Please make sure / that your seat backs and tray tables / are in their full upright position. // Please turn off all electronic devices / until we arrive at the gate. // The flight attendants are currently walking around the cabin / to make a final check and collect garbage. // We appreciate your cooperation. // Thank you." //

　5分間の音読回数を、48ページの「アルゴリズム音読記録表」に記録してください。これで第1ラウンド1日目の終了です。お疲れさまでした。また明日、10分間の「アルゴリズム音読」で、英語のスキルを伸ばしていきましょう。

2日目　　5分音読　　1回目　　　　月　　日 実施　記入しましょう！

1日目と同じトレーニングですが、2日目なので音読できる回数が増えているかもしれませんね。

▶ **5分音読A**　まねして音読（リピーティング）　

※詳しい方法は28ページを参照

音声に続いて、発音に注意しながら Airline Announcement を音読しましょう。

5分間で目標とする音読回数	現在の英語力レベル	
3.5回	英検準2級	TOEIC 400〜500点
4回	英検2級	TOEIC 500〜700点
4.5回	英検準1級	TOEIC 700〜800点

Airline Announcement

"Ladies and gentlemen, we ❶have started our descent into Tokyo area. The seat belt sign will be turned on ❷in about 25 minutes. We will be finishing our service and cabin attendants will prepare for landing. If you'd like to leave your seat, please be back by the seat belt sign ❸turns on. Please make sure that your seat ❹backs and tray tables are in ❺their full upright position. Please turn off all electronic devices until we ❻arrive at the gate. The flight attendants are currently walking around the cabin to ❼make a final check and collect garbage. We appreciate your cooperation. Thank you."

番号と下線のついた箇所は特に発音に注意するポイントです。次の説明にしたがって音読しましょう。

❶ have

「ハブ」と発音しがちですが、B と V の発音は異なります。have [həv] の v 「ヴ」は、上の歯を下唇に当てるようにして、濁らせた音を出してください。

❷ in about

「イン」「アバウト」ではなく、in [in] の [n] 「ン」と about [əbáʊt] の [ə] 「(弱い) ア」が重なって「イナバウト」という発音になります。

❸ turns on

「ターンズ」「オン」ではなく、turns [tə́:nz] の [z] 「ズ」と on [ɔːn] の [ɔː] 「オー」が重なり、「ターンゾーン」という発音になります。

❹ backs and

「バックス」「アンド」ではなく、backs [bǽks] の [s] 「ス」と and [ənd] の [ə] 「(弱い) ア」が重なり、「バックサンド」という発音になります。

❺ their

their [ðəɚ] の th [ð] の音は「ズ」と発音しがちですが、th [ð] は上と下の前歯の間を少しあけ、その間を舌の先で軽く触れるようにしながら濁った音を出します。

❻ arrive at

「アライブ」「アット」ではなく、arrive [əráɪv] の「ヴ」と at [ət] の「ア」が重なり、「アライヴァット」という発音になります。v の発音は❶と同じです。

❼ make a

「メイク」「ア」ではなく、make [méɪk] 「ク」と a [ə] 「ア」が重なり、「メイカ」という発音になります。

5分間の音読回数を、48ページの「アルゴリズム音読記録表」に記録してください。1日目と比べて、伸びを実感してみましょう。ここで休憩を取りましょう。

▶10〜20分休憩　タイマーのセットを忘れずに！

この間、次ページの**オプションコンテンツ2　文構造・文法解説**で、文法に意識を向けてカタマリごとの意味をしっかりおさえておきましょう。

2日目　休憩時間のオプションコンテンツ

　オプションコンテンツに取り組むと「アルゴリズム音読」のパワーが最大限に発揮されます。頭に英文をどんどんストックしていきましょう。

▶ オプションコンテンツ2　文構造・文法解説

取り組み　文法解説は本書で扱う中心的な内容ではありません。しかし、「英語の文構造を意識した語順感覚」を身につけるにあたり、文構造や文法に意識を向けるために簡単に解説しています。なぜこうした表現になっているのか気になったら、文法書などで調べてみましょう。なお、特に重要な現在完了については、4日目のオプションコンテンツ4でも扱っています。不定詞は、本書では第6ラウンドのターゲットであり、4日目のオプションコンテンツ2で説明しています。

Airline Announcement

"Ladies and gentlemen, we **have started** our descent into Tokyo area.
現在完了〈have＋過去分詞〉「〜を開始した」

The seat belt sign **will be turned** on in about 25 minutes.
受動態の未来表現〈will＋be＋過去分詞〉「〜される予定である」

We **will be finishing** our service
未来進行形〈will＋be＋動詞 〜ing〉「〜している予定である」

and cabin attendants **will prepare** for landing.
未来表現〈will＋動詞の原形〉「〜する予定である」

If you**'d like to leave** your seat, please be back **by** the seat

would like to＋動詞の原形「〜したい」   「〜までに」

belt sign turns on.

Please make sure

[that **your seat backs and tray tables** are in their full upright
position.]

[   ]は that で始まる名詞節で make sure の目的語「〜すること」　この that 節全体が S（主語）

Please turn off all electronic devices until we arrive at the
gate.

The flight attendants **are** currently **walking** around the cabin

現在進行形〈be動詞＋動詞 〜ing〉「歩いている」

(**to make** a final check and collect garbage.)

不定詞（to＋動詞の原形）「〜するために」

We appreciate your cooperation. Thank you."

2日目　　5分音読　　2回目　　　　月　　日 実施　記入しましょう！

▶ **5分音読 B**　見上げて音読（リード・アンド・ルックアップ）　

※詳しい方法は34ページを参照

　音声は聞きません。スラッシュで区切られたフレーズごとに、Airline Announcement の英文を見て頭に入れます。その後本文から目を離し、天井などを見上げながらこのフレーズを口から出しましょう。本からいったん目を離してルックアップする（見上げる）のがポイントで、このとき英文が脳に格納されていきます。

　2回目の今日は、**オプションコンテンツ2　文構造・文法解説**に記した文構造や文法を意識するとより効果が高まります。

5分間で目標とする音読回数	現在の英語力レベル	
3.5回	英検準2級	TOEIC 400〜500点
4回	英検2級	TOEIC 500〜700点
4.5回	英検準1級	TOEIC 700〜800点

Airline Announcement

"Ladies and gentlemen, / we have started our descent into Tokyo area. // The seat belt sign will be turned on / in about 25 minutes. // We will be finishing our service / and cabin attendants will prepare for landing. // If you'd like to leave your seat, / please be back by the seat belt sign turns on. // Please make sure / that your seat backs and tray tables / are in their full upright position. // Please turn off all electronic devices / until we arrive at the gate. // The flight attendants are currently walking around the cabin / to make a final check and collect garbage. // We appreciate your cooperation. // Thank you." //

　5分間の音読回数を、48ページの「アルゴリズム音読記録表」に記録してください。これで第1ラウンド2日目の終了です。同じ英文をくり返し読むことで、英文が頭に入ってきているはずです。明日も「アルゴリズム音読」を続けましょう。

3日目 　　**5分音読** 　　**1回目** 　　　　**月** 　　**日** 実施 　記入しましょう！

　今日は、1、2日目とは異なるトレーニングを行います。英語音声を止めることなく、追いかけるように Airline Announcement を音読しましょう。それが難しい場合は、再生速度を調整してみましょう。

▶ **5分音読 C** **追っかけ音読（シャドーイング）** 　**1回目**

※詳しい方法は37ページを参照

　音声に続いて、発音に注意しながら Airline Announcement を音読しましょう。

5分間で目標とする音読回数	現在の英語力レベル	
4回	英検準2級	TOEIC 400～500点
4.5回	英検2級	TOEIC 500～700点
5回	英検準1級	TOEIC 700～800点

再生速度の目安
0.5倍

　追っかけ音読1回目の今日は発音に意識を置き、聞こえてくる音声をできるだけ再現しながら音読することに努めましょう。

Airline Announcement

"Ladies and gentlemen, we have started our descent into Tokyo area. The seat belt sign will be turned on in about 25 minutes. We will be finishing our service and cabin attendants will prepare for landing. If you'd like to leave your seat, please be back by the seat belt sign turns on. Please make sure that your seat backs and tray tables are in their full upright position. Please turn off all electronic devices until we arrive at the gate. The flight attendants are currently walking around the cabin to make a final check and collect garbage. We appreciate your cooperation. Thank you."

　５分間の音読回数を、48ページの「アルゴリズム音読記録表」に記録してください。ここで休憩を取りましょう。

▶10〜20分休憩　タイマーのセットを忘れずに！
　この間、次ページの**オプションコンテンツ３　単語ストック**で、単語力を鍛えましょう。

3日目　休憩時間のオプションコンテンツ

▶ **オプションコンテンツ3**　単語ストック

取り組み　1日目の**オプションコンテンツ1B**に出てきた単語を、今日は英文で覚えましょう。丸暗記ではなく「アルゴリズム音読」の音読A「まねして音読」、音読B「見上げて音読」、音読D「瞬訳音読」の各パターンを実践すると、自然と頭に格納されていきます。

☐	Could you book the airline ticket for me?	私のために航空チケットを予約してもらえませんか？
☐	I have a good announcement for you.	あなたによいお知らせがあります。
☐	We have started our descent into Tokyo area.	当機は東京エリアへの降下を開始しました。
☐	I want to become a cabin attendant in the future.	将来客室乗務員になりたいです。
☐	Armstrong did the first landing on the moon.	アームストロングは月面に初めて降り立った。
☐	I would like to go to a bathroom.	私はトイレに行きたいです。
☐	Please put back the tray.	トレイを片づけてください。
☐	You must sit upright on the chair.	椅子にまっすぐ（背筋を伸ばして）座らなければならない。
☐	I'm currently unemployed.	私は現在無職です。
☐	Thank you for your cooperation.	ご協力に感謝いたします。

それぞれの音読をしたら☐にチェックマークを入れましょう。

☐**音読A**	まねして音読（リピーティング）
☐**音読B**	見上げて音読（リード・アンド・ルックアップ）
☐**音読D1**	瞬訳音読（英語から日本語への瞬間和訳）
☐**音読D2**	瞬訳音読（日本語から英語への瞬間英作文）

▶ **5分音読 D1** 瞬訳音読（英語から日本語への瞬間和訳） 1回目

※詳しい方法は39ページを参照

　表の右側（日本語）を手で隠し、英語を見て日本語に訳していきましょう。

5分間で目標とする音読回数	現在の英語力レベル	
1.5回	英検準2級	TOEIC 400〜500点
2回	英検2級	TOEIC 500〜700点
2.5回	英検準1級	TOEIC 700〜800点

☐	Airline Announcement	機内アナウンス
☐	"Ladies and gentlemen,	「（紳士淑女の）ご搭乗のみなさま
☐	we have started our descent into Tokyo area.	当機は東京エリアへの降下を開始いたしました
☐	The seat belt sign will be turned on	シートベルトランプが点灯いたします
☐	in about 25 minutes.	あと25分ほどで
☐	We will be finishing our service	機内サービスはまもなく終了いたします
☐	and cabin attendants will prepare for landing.	そしてキャビンアテンダントは着陸のための準備をいたします
☐	If you'd like to leave your seat,	もし席をお立ちになられたい場合は
☐	please be back by the seat belt sign turns on.	シートベルトランプが点灯する前にお戻りください
☐	Please make sure	〜をお確かめください
☐	that your seat backs and tray tables	背もたれとトレイテーブルが〜であること

☐	are in their full upright position.	(元の)まっすぐな位置に戻っている
☐	Please turn off all electronic devices	電子機器の電源は切っておいてください
☐	until we arrive at the gate.	ゲートに到着するまで
☐	The flight attendants are currently walking around the cabin	キャビンアテンダントは現在機内をまわっております
☐	to make a final check and collect garbage.	最終チェックをしながら不要なものを回収するために
☐	We appreciate your cooperation.	皆さまのご協力に感謝いたします
☐	Thank you."	ありがとうございます」

　5分間の音読回数を、48ページの「アルゴリズム音読記録表」に記録してください。これで第1ラウンド3日目が終了、このラウンドのアルゴリズムも75%まで到達しました。明日はこのラウンドの仕上げです。

4日目 　**5分音読**　　**1回目**　　　　月　　日 **実施**　記入しましょう！

　いよいよ第1ラウンドの最終日です！　1回目の音読は昨日と同じトレーニングです。

▶ **5分音読 C** 　**追っかけ音読（シャドーイング）**　2回目

※詳しい方法は37ページを参照

　音声を追いかけて、Airline Announcement を音読しましょう。それが難しい場合には、再生速度を調整してみましょう。

5分間で目標とする音読回数	現在の英語力レベル	
4.5回	英検準2級	TOEIC 400～500点
5回	英検2級	TOEIC 500～700点
5.5回	英検準1級	TOEIC 700～800点

再生速度の目安
0.75倍

　追っかけ音読2回目の今日は英文ストックに意識を置き、一字一句見逃すことなく音読することに努めましょう。

Airline Announcement

"Ladies and gentlemen, we have started our descent into Tokyo area. The seat belt sign will be turned on in about 25 minutes. We will be finishing our service and cabin attendants will prepare for landing. If you'd like to leave your seat, please be back by the seat belt sign turns on. Please make sure that your seat backs and tray tables are in their full upright position. Please turn off all electronic devices until we arrive at the gate. The flight attendants are currently walking around the cabin to make a final check and collect garbage. We appreciate your cooperation. Thank you."

5分間の音読回数を、48ページの「アルゴリズム音読記録表」に記録してください。ここで休憩を取りましょう。

▶**10〜20分休憩　タイマーのセットを忘れずに！**
この間、次ページの**オプションコンテンツ4　文法事項の強化＋重点ストック**で、このラウンドでターゲットとする文法：時制のうち、特に現在完了をおさらいしておきましょう。

▶ **オプションコンテンツ4** 文法事項の強化＋重点ストック

取り組み このラウンドでターゲットとする時制のうち、特に重要な現在完了について復習・強化しましょう。

▶ **現在完了（have ＋過去分詞）の3用法：**
「～した、～してしまった〈完了・結果〉」
「（ずっと）～している〈継続〉」「～したことがある〈経験〉」

本文では、3用法のうち「完了・結果」を表す文が記されています。

> we **have started** our descent 私たちは東京エリアへの降下を開始した
> 現在完了（have ＋動詞の過去分詞）「～した」
>
> into Tokyo area

現在完了の「完了・結果」を表すこのフレーズは、「私たち（この飛行機）が降下を開始した」結果、現在も引き続き降下しているという意味合いです。

現在完了のイメージ

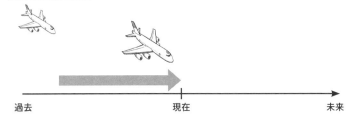

| 過去 | 現在 | 未来 |

過去のある時点から現在までずーっとその状況が続いている（現在も降下を続けている）。

過去形のイメージ

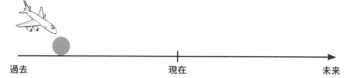

過去　　　　　　　　　　　現在　　　　　　　　　未来

　過去のある時点のことを述べているだけで、現在とは無関係（降下を開始したが、現在の状況は示していない。降下中かもしれないし、着陸している可能性もある）。

▶ 現在完了を重点ストック！

　それぞれの文につき、音読 A「まねして音読」、音読 B「見上げて音読」、音読 D「瞬訳音読」の各パターンを試してみましょう。

☐ He started his homework. 過去形：過去の事実 〈現時点では宿題を終えている可能性がある〉	彼は宿題を開始した。
☐ He has started his homework. 現在完了：完了・結果 〈「開始した」だけで、現時点では宿題はまだ終わっていない〉	彼は宿題を開始した。
☐ She lived in Kyoto 10 years ago. 過去形：過去の事実	彼女は10年前京都に住んでいた。
☐ She has lived in Kyoto for 10 years. 現在完了：継続〈今も京都に住んでいる〉	彼女は10年間京都に住んでいる。
☐ I played basketball. 過去形：過去の事実	私はバスケットボールをした。
☐ I have played basketball. 現在完了：経験	私はバスケットボールをしたことがある。

　それぞれの音読をしたら□にチェックマークを入れましょう。

☐ 音読 A　　　まねして音読（リピーティング）
☐ 音読 B　　　見上げて音読（リード・アンド・ルックアップ）
☐ 音読 D1　　 瞬訳音読（英語から日本語への瞬間和訳）
☐ 音読 D2　　 瞬訳音読（日本語から英語への瞬間英作文）

▶ **5分音読 D2** 瞬訳音読（日本語から英語への瞬間英作文） 1回目

※詳しい方法は39ページを参照

ページの左側（英語）を手で隠し、日本語を見て英語に訳していきましょう。

5分間で目標とする音読回数	現在の英語力レベル	
1回	英検準2級	TOEIC 400〜500点
1.5回	英検2級	TOEIC 500〜700点
2回	英検準1級	TOEIC 700〜800点

☐	Airline Announcement	機内アナウンス
☐	"Ladies and gentlemen,	「（紳士淑女の）ご搭乗のみなさま
☐	we have started our descent into Tokyo area.	当機は東京エリアへの降下を開始いたしました
☐	The seat belt sign will be turned on	シートベルトランプが点灯いたします
☐	in about 25 minutes.	あと25分ほどで
☐	We will be finishing our service	機内サービスはまもなく終了いたします
☐	and cabin attendants will prepare for landing.	そしてキャビンアテンダントは着陸のための準備をいたします
☐	If you'd like to leave your seat,	もし席をお立ちになられたい場合は
☐	please be back by the seat belt sign turns on.	シートベルトランプが点灯する前にお戻りください
☐	Please make sure	〜をお確かめください
☐	that your seat backs and tray tables	背もたれとトレイテーブルが〜であること
☐	are in their full upright position.	（元の）まっすぐな位置に戻っている

☐	Please turn off all electronic devices	電子機器の電源は切っておいてください
☐	until we arrive at the gate.	ゲートに到着するまで
☐	The flight attendants are currently walking around the cabin	キャビンアテンダントは現在機内をまわっております
☐	to make a final check and collect garbage.	最終チェックをしながら不要なものを回収するために
☐	We appreciate your cooperation.	皆さまのご協力に感謝いたします
☐	Thank you."	ありがとうございます」

　5分間の音読回数を、48ページの「アルゴリズム音読記録表」に記録してください。これで第1ラウンド終了です。大変お疲れさまでした。明日からは第2ラウンドです。新しい英文を音読していきますので、気持ちをリフレッシュして取り組んでください！

第 2 ラウンド

受動態

Elementary
School Days

を音読しよう！

▶ **5分音読A**　まねして音読（リピーティング）　

※詳しい方法は28ページを参照

　音声に続いて、発音に注意しながらElementary School Daysを音読しましょう。

5分間で目標とする音読回数	現在の英語力レベル	
3回	英検準2級	TOEIC 400〜500点
3.5回	英検2級	TOEIC 500〜700点
4回	英検準1級	TOEIC 700〜800点

Elementary School Days

₀One of the most favorite classes at school for many students was music class. ₂They always looked forward to ₂this class ₂with great excitement. In each music class, at least one song from the songbook was sung by the students. Usually, the song was selected by the teacher. Sometimes, however, the teacher ₃allowed the students to choose which song they ₄wanted to sing during the class. The piano was played beautifully by the teacher. The students were encouraged to sing ₅loudly and ₅clearly with ₅all their hearts. The hallways were filled with the melodies of their lovely voices. During the summer, when it was warmer and the windows were opened widely, all the people outside on the street stopped to listen to the students' songs. Their music could be heard ₆throughout the ₇neighborhood, cheering up everyone with their joyful melodies.

番号と下線のついた箇所は特に発音に注意するポイントです。次の説明にしたがって音読しましょう。

❶ One of

　of [əv] の f [v] の音は「ブ」と発音しがちですが、v は上の歯を下唇に軽く当て、濁った音「ヴ」として発音します。また、「ワン」「オブ」ではなく、one [wán] の [n]「ン」と of [əv] の [v]「ヴ」の音が重なり、「ワノヴ」という発音になります。

❷ They / this / with

　they [ðéɪ]、this [ðís]、with [wɪð] の th [ð] の音はそれぞれ「ゼ」、「ジ」、「ズ」と発音しがちですが、th [ð] は上と下の前歯の間を少しあけ、その間を舌の先で軽く触れるようにしながら濁った音を出します。

❸ allow

　allow [əláʊ] は「アロウ」と発音しがちですが、「アラウ」と発音します。また、allow [əláʊ] の l [l] は日本語のラリルレロとは少し異なり、舌の先を上の歯の付け根にしっかりとくっつけて発音します。

❹ wanted to

　wanted [wántɪd] の [d]「ド」と to [tʊ] の [t]「ト」の音が重なり、「ウォンティットゥ」という発音になります。なお、want to の場合は、want [wánt] の t と to [tʊ] の t の音が2つ重なるため、「ウォントゥ」という発音になります。

❺ loudly / clearly / all

　loudly [láʊdli]、clearly [klíəli]、all [ɔ́:l] の l [l] の音はそれぞれ「ラ」「リ」、「リ」「リ」、「ル」と発音しがちですが、日本語のラリルレロとは少し異なり、舌の先を上の歯の付け根にしっかりとくっつけて発音します。l の音が連続するので意識して発音してみましょう。

❻ throughout

　throughout [θruːáʊt] の th [θ] の音は「ス」と発音しがちですが、th [θ] は上と下の前歯の間を少しあけ、その間を舌の先で軽く触れるようにしながら濁らない音を出します。また、ough の部分は「オウグ」などと発音してしまいそうですが、gh は発音せず「ウー」という発音になります。

❼ neighborhood

　neighborhood [néɪbəhòd] の gh は発音せず、「ネイバーフッド」という発音です。数字の8を表す eight で gh を発音しないのと同様です。

5分間の音読回数を、48ページの「アルゴリズム音読記録表」に記録してください。ここで休憩を取りましょう。

▶ **10 〜 20分休憩　タイマーのセットを忘れずに！**
　この間、次ページの**オプションコンテンツ1A　英文全訳とフレーズ対応訳**で、全体の流れと意味を把握しましょう。次に**オプションコンテンツ1B　単熟語リスト**で、意味のわからない語彙をしっかりおさえておきましょう。

1日目　休憩時間のオプションコンテンツ

　オプションコンテンツに取り組むと「アルゴリズム音読」のパワーが最大限に発揮されます。頭に英文をどんどんストックしていきましょう。

▶ **オプションコンテンツ1A　英文全訳とフレーズ対応訳**

取り組み　音読した英文全体の意味を確認し、理解と異なる箇所については フレーズ対応訳で見直しておきましょう。

全訳

小学校時代

　多くの児童にとって学校で最も好きな授業の1つは音楽の授業でした。彼らはいつも、素晴らしくわくわくしてこの授業を楽しみに待っていました。それぞれの音楽の授業では、歌集から少なくとも1曲が児童によって歌われました。通常、歌は教師によって選定されました（教師が選定しました）。しかし時々、先生は児童たちに授業中に歌いたいのはどの歌か選ぶことを認めてくれました。ピアノは先生によって美しく演奏されました。子どもたちは真心込めて大声ではっきりと歌うように奨励されました。廊下は彼らの美しい声のメロディーで満たされていました。暖かくて窓が広く開かれた夏の間には、外の通りにいる人たちは皆、児童たちの歌

を聴くために足を止めました。彼らの音楽は近所の至る所で聞くことができ、喜びに満ちたメロディーでみんなを元気づけました。

☐	Elementary School Days	小学校時代
☐	One of the most favorite classes at school for many students	多くの児童にとって学校で最も好きな授業の1つは
☐	was music class.	音楽の授業でした
☐	They always looked forward to this class	彼らはいつも、この授業を楽しみに待っていました
☐	with great excitement.	素晴らしくわくわくして
☐	In each music class,	それぞれの音楽の授業では、
☐	at least one song from the songbook	歌集から少なくとも1曲が
☐	was sung by the students.	児童によって歌われました
☐	Usually,	通常、
☐	the song was selected by the teacher.	歌は教師によって選定されました（教師が選定しました）
☐	Sometimes, however,	しかし時々、
☐	the teacher allowed the students	先生は児童たちに認めてくれました
☐	to choose	選ぶことを
☐	which song they wanted to sing	歌いたいのはどの歌か
☐	during the class.	授業中に
☐	The piano was played beautifully by the teacher.	ピアノは先生によって美しく演奏されました
☐	The students were encouraged	子どもたちは奨励されました

☐	to sing loudly and clearly with all their hearts.	真心込めて大声ではっきりと歌うように
☐	The hallways were filled with the melodies	廊下はメロディーで満たされていました
☐	of their lovely voices.	彼らの美しい声の
☐	During the summer,	夏の間には、
☐	when it was warmer and the windows were opened widely,	暖かくて窓が広く開かれた
☐	all the people outside on the street	外の通りにいる人たちは皆、
☐	stopped to listen to the students' songs.	児童たちの歌を聴くために足を止めました
☐	Their music could be heard throughout the neighborhood,	彼らの音楽は近所の至る所で聞くことができ、
☐	cheering up everyone with their joyful melodies.	喜びに満ちたメロディーでみんなを元気づけました

　音読していて意味がわからなかったり、あやふやだったりした単語は、ここで意味を確認しておきましょう。これらの単語を頭に入れると、さらに音読の効果が高まります。

☐	favorite	形 大のお気に入りの、特に好きな
☐	look forward to	～を(楽しみにして)待つ
☐	at least	少なくとも
☐	allow	動 ～に認める
☐	encourage	動 ～に奨励する
☐	loudly	副 大きい声で
☐	hallway	名 玄関、廊下
☐	be filled with	～で満たされる
☐	warmer	形 より暖かい(warm の比較級)
☐	throughout	前 至る所で、～のすみからすみまで
☐	neighborhood	名 近所
☐	cheer	動 ～を元気づける
☐	joyful	形 喜ばしい、うれしい

▶ **5分音読 B** 見上げて音読（リード・アンド・ルックアップ） 1回目

※詳しい方法は34ページを参照

　音声は聞きません。スラッシュで区切られたフレーズごとに、Elementary School Days の英文を見て頭に入れます。その後本文から目を離し、天井などを見上げながらこのフレーズを口から出しましょう。本からいったん目を離してルックアップする（見上げる）のがポイントで、このとき英文が脳に格納されていきます。

5分間で目標とする音読回数	現在の英語力レベル	
2.5回	英検準2級	TOEIC 400～500点
3回	英検2級	TOEIC 500～700点
3.5回	英検準1級	TOEIC 700～800点

Elementary School Days

One of the most favorite classes at school for many students / was music class. // They always looked forward to this class / with great excitement. // In each music class, / at least one song from the songbook / was sung by the students. // Usually, / the song was selected by the teacher. // Sometimes, however, / the teacher allowed the students / to choose / which song they wanted to sing / during the class. // The piano was played beautifully by the teacher. // The students were encouraged / to sing loudly and clearly with all their hearts. // The hallways were filled with the melodies / of their lovely voices. // During the summer, / when it was warmer and the windows were opened widely, / all the people outside on the street / stopped to listen to the students' songs. // Their music could be heard throughout the neighborhood, / cheering up everyone with their joyful melodies. //

　5分間の音読回数を、48ページの「アルゴリズム音読記録表」に記録してください。これで第2ラウンド1日目の終了です。お疲れさまでした。また明日、10分間の「アルゴリズム音読」で、英語のスキルを伸ばしていきましょう。

2日目　　5分音読　　1回目　　　月　　日 実施　記入しましょう！

1日目と同じトレーニングですが、2日目なので音読できる回数が増えているかもしれませんね。

▶ **5分音読A**　まねして音読（リピーティング）　

※詳しい方法は28ページを参照

音声に続いて、発音に注意しながら Elementary School Days を音読しましょう。

5分間で目標とする音読回数	現在の英語力レベル	
3.5回	英検準2級	TOEIC 400～500点
4回	英検2級	TOEIC 500～700点
4.5回	英検準1級	TOEIC 700～800点

Elementary School Days

One of the most favorite classes at school for many students was music class. They always looked forward to this class with great excitement. In each music class, at least one song from the songbook was sung by the students. Usually, the song was selected by the teacher. Sometimes, however, the teacher allowed the students to choose which song they wanted to sing during the class. The piano was played beautifully by the teacher. The students were encouraged to sing loudly and clearly with all their hearts. The hallways were filled with the melodies of their lovely voices. During the summer, when it was warmer and the windows were opened widely, all the people outside on the street stopped to listen to the students' songs. Their music could be heard throughout the neighborhood, cheering up everyone with their joyful melodies.

番号と下線のついた箇所は特に発音に注意するポイントです。次の説明にしたがって音読しましょう。

❶ One of

of [əv] の f [v] の音は「ブ」と発音しがちですが、v は上の歯を下唇に軽く当て、濁った音「ヴ」として発音します。また、「ワン」「オブ」ではなく、one [wʌ́n] の [n]「ン」と of [əv] の [v]「ヴ」の音が重なり、「ワノヴ」という発音になります。

❷ They / this / with

they [ðéɪ]、this [ðís]、with [wɪð] の th [ð] の音はそれぞれ「ゼ」、「ジ」、「ズ」と発音しがちですが、th [ð] は上と下の前歯の間を少しあけ、その間を舌の先で軽く触れるようにしながら濁った音を出します。

❸ allow

allow [əláʊ] は「アロウ」と発音しがちですが、「アラウ」と発音します。また、allow [əláʊ] の l [l] は日本語のラリルレロとは少し異なり、舌の先を上の歯の付け根にしっかりとくっつけて発音します。

❹ wanted to

wanted [wántɪd] の [d]「ド」と to [tʊ] の [t]「ト」の音が重なり、「ウォンティットゥ」という発音になります。なお、want to の場合は、want [wánt] の t と to [tʊ] の t の音が2つ重なるため、「ウォントゥ」という発音になります。

❺ loudly / clearly / all

loudly [láʊdli]、clearly [klíəli]、all [ɔ́ːl] の l [l] の音はそれぞれ「ラ」「リ」、「リ」「リ」、「ル」と発音しがちですが、日本語のラリルレロとは少し異なり、舌の先を上の歯の付け根にしっかりとくっつけて発音します。l の音が連続するので意識して発音してみましょう。

❻ throughout

throughout [θruːáʊt] の th [θ] の音は「ス」と発音しがちですが、th [θ] は上と下の前歯の間を少しあけ、その間を舌の先で軽く触れるようにしながら濁らない音を出します。また、ough の部分は「オウグ」などと発音してしまいそうですが、gh は発音せず「ウー」という発音になります。

❼ neighborhood

neighborhood [néɪbəhòd] の gh は発音せず、「ネイバーフッド」という発音です。数字の8を表す eight で gh を発音しないのと同様です。

　5分間の音読回数を、48ページの「アルゴリズム音読記録表」に記録してください。1日目と比べて、伸びを実感してみましょう。ここで休憩を取りましょう。

▶10〜20分休憩　タイマーのセットを忘れずに！

　この間、次ページの**オプションコンテンツ2　文構造・文法解説**で、文法に意識を向けてカタマリごとの意味をしっかりおさえておきましょう。

2日目　　休憩時間のオプションコンテンツ

▶ **オプションコンテンツ2**　　文構造・文法解説

取り組み　文法解説は本書で扱う中心的な内容ではありません。しかし、「英語の文構造を意識した語順感覚」を身につけるにあたり、文構造や文法に意識を向けるために簡単に解説しています。「なぜこうした表現になっているのだろう」と気になったら、文法書などで調べてみましょう。なお、本文に登場する文法事項のうち、不定詞は第6ラウンド、助動詞は第4ラウンド、分詞については第7ラウンドのそれぞれ4日目のオプションコンテンツで扱っています。

Elementary School Days

One of the most favorite classes at school for many students

前置詞 of、at、for で名詞をつないだ長い主語

was music class.

They always **looked forward to this class** with great

　　　　　　look forward to＋名詞（句）「〜するのを楽しみに待つ」

excitement.

In each music class, at least one song from the songbook **was sung by** the students.
受動態「〜によって歌われる」

Usually, the song **was selected by** the teacher.
受動態「〜によって選ばれる」

Sometimes, however, the teacher **allowed the students to choose**
〈allow＋人＋不定詞（to＋動詞の原形）〉
「人が〜することを認める」

which song they wanted to sing during the class.
〈which＋名詞（物）＋S＋V〉「どの名詞（物）をSがVするか」

The piano **was played** beautifully **by** the teacher.
受動態「〜によって演奏される」　　byの前に副詞の入った形

The students **were encouraged to** sing loudly and clearly
受動態「〜することを奨励される」
with all their hearts.

The hallways **were filled with** the melodies of their lovely
voices.　　受動態「〜で満たされる」

During the summer, when it was warmer and the windows
were opened widely, all the people outside on the street
stopped (to listen to the students' songs.**)**
〈stop＋不定詞（to＋動詞の原形）〉「〜するために足を止めた」

Their music **could be heard** throughout the neighborhood,

助動詞＋受動態「〜されることができた」

cheering up everyone with their joyful melodies.

分詞「〜しながら」

2日目　5分音読　**2回目**　　月　　日 実施　記入しましょう！

▶ **5分音読 B**　見上げて音読（リード・アンド・ルックアップ）　

※詳しい方法は34ページを参照

　音声は聞きません。スラッシュで区切られたフレーズごとに、Elementary School Days の英文を見て頭に入れます。その後本文から目を離し、天井などを見上げながらこのフレーズを口から出しましょう。本からいったん目を離してルックアップする（見上げる）のがポイントで、このとき英文が脳に格納されていきます。
　2回目の今日は、**オプションコンテンツ2　文構造・文法解説**に記した文構造や文法を意識するとより効果が高まります。

5分間で目標とする音読回数	現在の英語力レベル	
3.5回	英検準2級	TOEIC 400〜500点
4回	英検2級	TOEIC 500〜700点
4.5回	英検準1級	TOEIC 700〜800点

Elementary School Days

One of the most favorite classes at school for many students /
was music class. // They always looked forward to this class /
with great excitement. // In each music class, / at least one
song from the songbook / was sung by the students. // Usually, /
the song was selected by the teacher. // Sometimes, however, /
the teacher allowed the students / to choose / which song
they wanted to sing / during the class. // The piano was played
beautifully by the teacher. // The students were encouraged /
to sing loudly and clearly with all their hearts. // The hallways
were filled with the melodies / of their lovely voices. // During
the summer, / when it was warmer and the windows were
opened widely, / all the people outside on the street / stopped
to listen to the students' songs. // Their music could be heard
throughout the neighborhood, / cheering up everyone with their
joyful melodies. //

　5分間の音読回数を、48ページの「アルゴリズム音読記録表」に記録し
てください。これで第2ラウンド2日目の終了です。同じ英文をくり返し
読むことで、英文が頭に入ってきているはずです。明日も「アルゴリズム
音読」を続けましょう。

第2ラウンド

| 3日目 | 5分音読 | 1回目 | 月　日 実施 | 記入しましょう！ |

　今日は、1、2日目とは異なるトレーニングを行います。英語音声を止めることなく、追いかけるように Elementary School Days を音読しましょう。それが難しい場合は、再生速度を調整してみましょう。

▶ **5分音読 C**　追っかけ音読（シャドーイング）　

※詳しい方法は37ページを参照

　音声に続いて、発音に注意しながら Elementary School Days を音読しましょう。

5分間で目標とする音読回数	現在の英語力レベル	
4回	英検準2級	TOEIC 400～500点
4.5回	英検2級	TOEIC 500～700点
5回	英検準1級	TOEIC 700～800点

再生速度の目安
0.5倍

　追っかけ音読1回目の今日は発音に意識を置き、聞こえてくる音声をできるだけ再現しながら音読することに努めましょう。

Elementary School Days

One of the most favorite classes at school for many students was music class. They always looked forward to this class with great excitement. In each music class, at least one song from the songbook was sung by the students. Usually, the song was selected by the teacher. Sometimes, however, the teacher allowed the students to choose which song they wanted to sing during the class. The piano was played beautifully by the teacher. The students were encouraged to sing loudly and clearly with all their hearts. The hallways were filled with the melodies of their lovely voices. During the summer, when it was warmer and the windows were opened widely, all the people outside on the street stopped to listen to the students' songs. Their music could be heard throughout the neighborhood, cheering up everyone with their joyful melodies.

　5分間の音読回数を、48ページの「アルゴリズム音読記録表」に記録してください。ここで休憩を取りましょう。

▶10〜20分休憩　タイマーのセットを忘れずに！
　この間、次ページの**オプションコンテンツ3　単語ストック**で、単語力を鍛えましょう。

3日目　休憩時間のオプションコンテンツ

▶ **オプションコンテンツ3**　単語ストック

取り組み　1日目の**オプションコンテンツ1B**に出てきた単語を、今日は英文で覚えましょう。丸暗記ではなく「アルゴリズム音読」の音読A「まねして音読」、音読B「見上げて音読」、音読D「瞬訳音読」の各パターンを実践すると、自然と頭に格納されていきます。

☐	Winter is my favorite season.	冬は私の一番好きな季節です。
☐	I look forward to my birthday.	誕生日が楽しみだな。
☐	At least 100 people attended.	少なくとも100人は出席していた。
☐	Allow me to go with you.	一緒に行かせて下さい。[あなたと一緒に行くことを認めてください。]
☐	He encouraged me to try again.	彼は私にもう一度挑戦するようにと励ましてくれた
☐	He spoke very loudly.	彼は大声で話した。
☐	The hallway is slippery.	その廊下は滑りやすい。
☐	My heart was filled with happiness.	私の心は幸福感でいっぱいだった。
☐	It is warmer today than yesterday.	今日は昨日より暖かい。
☐	He traveled throughout the country.	彼は国中をくまなく旅行した。
☐	Do you live in this neighborhood?	この近くにお住まいなんですか？
☐	I want to go and cheer him.	彼を元気づけに行きたいわ。
☐	We were surprised at the joyful news.	私たちはそのうれしい知らせに驚いた。

それぞれの音読をしたら☐にチェックマークを入れましょう。

☐ **音読A**　　まねして音読（リピーティング）
☐ **音読B**　　見上げて音読（リード・アンド・ルックアップ）
☐ **音読D1**　瞬訳音読（英語から日本語への瞬間和訳）
☐ **音読D2**　瞬訳音読（日本語から英語への瞬間英作文）

▶ **5分音読 D1** 瞬訳音読（英語から日本語への瞬間和訳）

※詳しい方法は39ページを参照

表の右側（日本語）を手で隠し、英語を見て日本語に訳していきましょう。

5分間で目標とする音読回数	現在の英語力レベル	
1.5回	英検準2級	TOEIC 400～500点
2回	英検2級	TOEIC 500～700点
2.5回	英検準1級	TOEIC 700～800点

☐	Elementary School Days	小学校時代
☐	One of the most favorite classes at school for many students	多くの児童にとって学校で最も好きな授業の1つは
☐	was music class.	音楽の授業でした
☐	They always looked forward to this class	彼らはいつも、この授業を楽しみに待っていました
☐	with great excitement.	素晴らしくわくわくして
☐	In each music class,	それぞれの音楽の授業では、
☐	at least one song from the songbook	歌集から少なくとも1曲が
☐	was sung by the students.	児童によって歌われました
☐	Usually,	通常、
☐	the song was selected by the teacher.	歌は教師によって選定されました（教師が選定しました）
☐	Sometimes, however,	しかし時々、
☐	the teacher allowed the students	先生は児童たちに認めてくれました
☐	to choose	選ぶことを

☐ which song they wanted to sing	歌いたいのはどの歌か
☐ during the class.	授業中に
☐ The piano was played beautifully by the teacher.	ピアノは先生によって美しく演奏されました。
☐ The students were encouraged	子どもたちは奨励されました
☐ to sing loudly and clearly with all their hearts.	真心込めて大声ではっきりと歌うように
☐ The hallways were filled with the melodies	廊下はメロディーで満たされていました
☐ of their lovely voices.	彼らの美しい声の
☐ During the summer,	夏の間には、
☐ when it was warmer and the windows were opened widely,	暖かくて窓が広く開かれた
☐ all the people outside on the street	外の通りにいる人たちは皆、
☐ stopped to listen to the students' songs.	児童たちの歌を聴くために足を止めました
☐ Their music could be heard throughout the neighborhood,	彼らの音楽は近所の至る所で聞くことができ、
☐ cheering up everyone with their joyful melodies.	喜びに満ちたメロディーでみんなを元気づけました

　5分間の音読回数を、48ページの「アルゴリズム音読記録表」に記録してください。これで第2ラウンド3日目が終了、このラウンドのアルゴリズムも75%まで到達しました。明日はこのラウンドの仕上げです。

いよいよ第2ラウンドの最終日です！　1回目の音読は昨日と同じトレーニングです。

▶ **5分音読 C**　追っかけ音読（シャドーイング）　（2回目）

※詳しい方法は37ページを参照

音声を追いかけて、Elementary School Days を音読しましょう。それが難しい場合には、再生速度を調整してみましょう。

5分間で目標とする音読回数	現在の英語力レベル	
4.5回	英検準2級	TOEIC 400〜500点
5回	英検2級	TOEIC 500〜700点
5.5回	英検準1級	TOEIC 700〜800点

再生速度の目安
0.75倍

追っかけ音読2回目の今日は英文ストックに意識を置き、一字一句見逃すことなく音読することに努めましょう。

Elementary School Days

One of the most favorite classes at school for many students was music class. They always looked forward to this class with great excitement. In each music class, at least one song from the songbook was sung by the students. Usually, the song was selected by the teacher. Sometimes, however, the teacher allowed the students to choose which song they wanted to sing during the class. The piano was played beautifully by the teacher. The students were encouraged to sing loudly and clearly with all their hearts. The hallways were filled with the melodies of their lovely voices. During the summer, when it was warmer and the windows were opened widely, all the people outside on the street stopped to listen to the students' songs. Their music could be heard throughout the neighborhood, cheering up everyone with their joyful melodies.

5分間の音読回数を、48ページの「アルゴリズム音読記録表」に記録してください。ここで休憩を取りましょう。

▶ **10〜20分休憩　タイマーのセットを忘れずに！**
　この間、次ページの**オプションコンテンツ4　文法事項の強化＋重点ストック**で、このラウンドでターゲットとする文法：動名詞を強化しておきましょう。

▶ **オプションコンテンツ4** 文法事項の強化＋重点ストック

取り組み このラウンドでターゲットとする受動態を復習・強化しましょう。

▶ **受動態の意味：「〜される」**

　受動態は、「Sが〜をVする」の「〜を」に当たる語をS（主語）として、〈S＋be動詞＋動詞の過去分詞〉を用いて「SがVされる」という形に書き換えた形です。元の文のS（主語であり動作主）にはbyがついて、動詞の後ろにくることに注意しましょう。

The teacher **played the piano**. 　教師がピアノを弾いた。

The piano was played by the teacher. 　ピアノが教師によって弾かれた。
　　　　be動詞＋動詞の過去分詞

▶ **受動態を重点ストック！**

　それぞれの文につき、音読A「まねして音読」、音読B「見上げて音読」、音読D「瞬訳音読」の各パターンを試してみましょう。

☐ The teacher played the piano.	教師はピアノを弾いた。
☐ The piano was played by the teacher. 　　　　受動態〈be動詞＋動詞の過去分詞〉	ピアノは教師によって弾かれた。
☐ The piano was played beautifully by 　　　　受動態〈be動詞＋動詞の過去分詞〉 　the teacher.	ピアノは教師によって美しく弾かれた。

☐	The teacher encouraged the students.	教師は生徒を励ました。
☐	The students <u>were encouraged</u> by 　　　　　　受動態〈be動詞＋動詞の過去分詞〉 the teacher.	生徒は教師によって<u>励まされた</u>。
☐	The teacher encouraged the students to sing.	教師は生徒に歌うよう励ました。
☐	The students <u>were encouraged</u> 　　　　　　受動態〈be動詞＋動詞の過去分詞〉 to sing by the teacher. 不定詞（to＋動詞の原形）	生徒は歌うよう、教師によって<u>励まされた</u>。

それぞれの音読をしたら☐にチェックマークを入れましょう。

☐ 音読 A	まねして音読（リピーティング）
☐ 音読 B	見上げて音読（リード・アンド・ルックアップ）
☐ 音読 D1	瞬訳音読（英語から日本語への瞬間和訳）
☐ 音読 D2	瞬訳音読（日本語から英語への瞬間英作文）

▶ **5分音読 D2** 瞬訳音読（日本語から英語への瞬間英作文）　（1回目）

※詳しい方法は39ページを参照

　ページの左側（英語）を手で隠し、日本語を見て英語に訳していきましょう。

5分間で目標とする音読回数	現在の英語力レベル	
1回	英検準2級	TOEIC 400～500点
1.5回	英検2級	TOEIC 500～700点
2回	英検準1級	TOEIC 700～800点

☐	Elementary School Days	小学校時代
☐	One of the most favorite classes at school for many students	多くの児童にとって学校で最も好きな授業の1つは
☐	was music class.	音楽の授業でした
☐	They always looked forward to this class	彼らはいつも、この授業を楽しみに待っていました
☐	with great excitement.	素晴らしくわくわくして
☐	In each music class,	それぞれの音楽の授業では、
☐	at least one song from the song-book	歌集から少なくとも1曲が
☐	was sung by the students.	児童によって歌われました
☐	Usually,	通常、
☐	the song was selected by the teacher.	歌は教師によって選定されました（教師が選定しました）
☐	Sometimes, however,	しかし時々、
☐	the teacher allowed the students	先生は児童たちに認めてくれました
☐	to choose	選ぶことを

☐	which song they wanted to sing	歌いたいのはどの歌か
☐	during the class.	授業中に
☐	The piano was played beautifully by the teacher.	ピアノは先生によって美しく演奏されました。
☐	The students were encouraged	子どもたちは奨励されました
☐	to sing loudly and clearly with all their hearts.	真心込めて大声ではっきりと歌うように
☐	The hallways were filled with the melodies	廊下はメロディーで満たされていました
☐	of their lovely voices.	彼らの美しい声の
☐	During the summer,	夏の間には、
☐	when it was warmer and the windows were opened widely,	暖かくて窓が広く開かれた
☐	all the people outside on the street	外の通りにいる人たちは皆、
☐	stopped to listen to the students' songs.	児童たちの歌を聴くために足を止めました
☐	Their music could be heard throughout the neighborhood,	彼らの音楽は近所の至る所で聞くことができ、
☐	cheering up everyone with their joyful melodies.	喜びに満ちたメロディーでみんなを元気づけました

　5分間の音読回数を、48ページの「アルゴリズム音読記録表」に記録してください。これで第2ラウンド終了です。大変お疲れさまでした。明日からは第3ラウンドです。新しい英文を音読していきますので、気持ちをリフレッシュして取り組んでください！

第3ラウンド

疑問文／否定文

Thinking about Your Future

を音読しよう！

▶ **5分音読A**　まねして音読（リピーティング）　1回目

※詳しい方法は28ページを参照

　音声に続いて、発音に注意しながら Thinking about Your Future を音読しましょう。

5分間で目標とする音読回数	現在の英語力レベル	
3回	英検準2級	TOEIC 400〜500点
3.5回	英検2級	TOEIC 500〜700点
4回	英検準1級	TOEIC 700〜800点

Thinking about Your Future

①What is your dream? Where do you ②want to attend college? What do you want to do in the future? You may not be able to answer ③these questions now but it is a good idea to begin thinking about them. Also, your dreams and goals may change as you grow older. The main thing is not to spend too much time ④worrying about it now. It doesn't matter when you begin thinking about these questions, only that you are aware of them. It is better to make big decisions in your life gradually. That is especially true for important decisions, like choosing a ⑤university or a future job. So, what about your future? Don't worry about it too much! However, when you're ⑥ready, think about these questions: What is your dream? What do you enjoy doing? Where do you want to study and eventually live? In the end, you will make the best decision for you.

番号と下線のついた箇所は特に発音に注意するポイントです。次の説明にしたがって音読しましょう。

❶ What is

　「ワット」「イズ」ではなく、what [wɑ́t] の [t]「ト」と is [ɪz] の [ɪ]「イ」が重なり、「ワッティズ」という発音になります。

❷ want to

　「ウォント」「トゥ」ではなく、want の t と to の t が重なり、「ウォントゥ」という発音になります。

❸ these

　these [ðíːz] の th [ð] の音は「ジ」と発音しがちですが、th [ð] は上と下の前歯の間を少しあけ、その間を舌の先で軽く触れるようにしながら濁った音を出します。

❹ worrying about it

　「ウァリング」「アバウト」「イット」ではなく、worrying [wə́ːrɪŋ] の [ŋ]「ング」と about [əbáʊt] の [ə]「(弱い) ア」、about [əbáʊt] の [t]「ト」と it [ít] の [i]「イ」が重なり、「ウァリンガバウティット」という発音になります。

❺ university

　university [jùːnəvə́ːsəṭi] の v の音は「ブ」と発音しがちですが、v は上の歯を下唇に軽く当て、濁った音「ヴ」として発音します。

❻ ready

　ready [rédi] の r の音は「レ」と発音しがちですが、口の中で舌はどこにも触れずに発音します。また r から始まる単語を発音する場合、少し口をすぼめて発音し始めると英語らしい発音となりますので、「ゥレディ」という感じで発音してみましょう。

　5分間の音読回数を、48ページの「アルゴリズム音読記録表」に記録してください。ここで休憩を取りましょう。

▶**10〜20分休憩　タイマーのセットを忘れずに！**

　この間、次ページの**オプションコンテンツ1A　英文全訳とフレーズ対応訳**で、全体の流れと意味を把握しましょう。次に**オプションコンテンツ1B 単熟語リスト**で、意味のわからない語彙をしっかりおさえておきましょう。

1日目　休憩時間のオプションコンテンツ

オプションコンテンツに取り組むと「アルゴリズム音読」のパワーが最大限に発揮されます。頭に英文をどんどんストックしていきましょう。

▶ オプションコンテンツ1A　英文全訳とフレーズ対応訳

取り組み　音読した英文全体の意味を確認し、理解と異なる箇所についてはフレーズ対応訳で見直しておきましょう。

全訳

将来について考える

あなたの夢は何ですか？ どこ（の場所、国）で大学に行きたいですか？ 将来何をしたいですか？ 現在はこれらの質問に答えることはできないかもしれませんが、それらについて考え始めるのはよい考えです。また、あなたの夢と目標はあなたが年齢を経るにつれて変わるかもしれません。大事なことは、今それを心配することに時間をかけすぎないことです。いつこれらの問いについて考え始めるのかというのは問題ではなく、あなたはそれらに気づいていればよいだけです。人生で大きな決断をするのは（一気にではなく）徐々にやるほうがよいのです。それは、大学や将来の仕事の選択など、重要な決定に対して特に当てはまります。では、あなたの将来はどうですか？ 心配しすぎないでください！ ただし、準備ができたら、次の質問について考えてください。あなたの夢は何ですか？ 何をするのを楽しみますか？ どこで勉強し、最終的にはどこに住みたいですか？ 最後には、あなたは自分にとって最高の決定を下すことになるでしょう。

☐	Thinking about Your Future	将来について考える
☐	What is your dream?	あなたの夢は何ですか？
☐	Where do you want to attend college?	どこ（の場所、国）で大学に行きたいですか？
☐	What do you want to do	何をしたいですか？
☐	in the future?	将来
☐	You may not be able to answer	答えることはできないかもしれません
☐	these questions now	現在はこれらの質問に
☐	but it is a good idea	しかし、よい考えです
☐	to begin thinking about them.	それらについて考え始めることは
☐	Also,	また、
☐	your dreams and goals may change	あなたの夢と目標は変わるかもしれません
☐	as you grow older.	あなたが年齢を経るにつれて
☐	The main thing is not	大事なことは〜ではありません
☐	to spend too much time	時間をかけすぎること
☐	worrying about it now.	今それを心配することに
☐	It doesn't matter	問題ではありません
☐	when you begin thinking about these questions,	いつこれらの問いについて考え始めるのかということは
☐	only that you are aware of them.	あなたはそれらに気づいていればよいだけです
☐	It is better	よりよいことです
☐	to make big decisions in your life	人生で大きな決断をするのは

☐	gradually.	(一気にではなく)徐々に
☐	That is especially true	それは、特に当てはまります
☐	for important decisions,	重要な決定に対して
☐	like choosing a university or a future job.	大学や将来の仕事の選択など
☐	So,	では、
☐	what about your future?	あなたの将来はどうですか？
☐	Don't worry about it too much!	心配しすぎないでください！
☐	However,	ただし、
☐	when you're ready,	準備ができたら、
☐	think about these questions:	次の質問について考えてください
☐	What is your dream?	あなたの夢は何ですか？
☐	What do you enjoy doing?	何をするのを楽しみますか？
☐	Where do you want to study	どこで勉強したいですか
☐	and eventually live?	そして最終的には（どこに）住みたいですか？
☐	In the end,	最後には、
☐	you will make the best decision	あなたは最高の決定を下すことになるでしょう
☐	for you.	自分にとって

▶ **オプションコンテンツ1B** 単熟語リスト

　音読していて意味がわからなかったり、あやふやだったりした単語は、ここで意味を確認しておきましょう。これらの単語を頭に入れると、さらに音読の効果が高まります。

☐	attend	動 ～に通う、出席する
☐	grow	動 成長する
☐	older	形 より年をとっている（old の比較級）
☐	spend	動 （時間・費用など）をかける
☐	worry	動 心配する、気をもむ
☐	It doesn't matter～	～でもかまわない、～は問題ではない
☐	be aware of ～	～に気づく、～を認識する
☐	It is better to ～	～したほうがよい
☐	decisions	名 決定、決断
☐	gradually	副 徐々に、次第に、だんだん
☐	especially	副 特に、とりわけ
☐	however	副 しかしながら、でも
☐	eventually	副 最終的には、ついに[は]

| 1日目 | 5分音読 | 2回目 | 月　　日 実施 | 記入しましょう！ |

▶ **5分音読 B** 見上げて音読（リード・アンド・ルックアップ）　

※詳しい方法は34ページを参照

　音声は聞きません。スラッシュで区切られたフレーズごとに、Think-ing about Your Future の英文を見て頭に入れます。その後本文から目を離し、天井などを見上げながらこのフレーズを口から出しましょう。本からいったん目を離してルックアップする（見上げる）のがポイントで、このとき英文が脳に格納されていきます。

5分間で目標とする音読回数	現在の英語力レベル	
2.5回	英検準2級	TOEIC 400〜500点
3回	英検2級	TOEIC 500〜700点
3.5回	英検準1級	TOEIC 700〜800点

Thinking about Your Future

What is your dream? // Where do you want to attend college? // What do you want to do / in the future? // You may not be able to answer / these questions now / but it is a good idea / to begin thinking about them. // Also, / your dreams and goals may change / as you grow older. // The main thing is not / to spend too much time / worrying about it now. // It doesn't matter / when you begin thinking about these questions, / only that you are aware of them. // It is better / to make big decisions in your life / gradually. // That is especially true / for important decisions, / like choosing a university or a future job. // So, / what about your future? // Don't worry about it too much! // However, / when you're ready, / think about these questions: // What is your dream? / What do you enjoy doing? / Where do you want to study / and eventually live? // In the end, / you will make the best decision / for you. //

5分間の音読回数を、48ページの「アルゴリズム音読記録表」に記録してください。これで第3ラウンド1日目の終了です。お疲れさまでした。また明日、10分間の「アルゴリズム音読」で、英語のスキルを伸ばしていきましょう。

1日目と同じトレーニングですが、2日目なので音読できる回数が増えているかもしれませんね。

▶ **5分音読A**　まねして音読（リピーティング）　（2回目）

※詳しい方法は28ページを参照

　音声に続いて、発音に注意しながら Thinking about Your Future を音読しましょう。

5分間で目標とする音読回数	現在の英語力レベル	
3.5回	英検準2級	TOEIC 400〜500点
4回	英検2級	TOEIC 500〜700点
4.5回	英検準1級	TOEIC 700〜800点

Thinking about Your Future

₀ What is your dream? Where do you ₂ want to attend college? What do you want to do in the future? You may not be able to answer ₃ these questions now but it is a good idea to begin thinking about them. Also, your dreams and goals may change as you grow older. The main thing is not to spend too much time ₄ worrying about it now. It doesn't matter when you begin thinking about these questions, only that you are aware of them. It is better to make big decisions in your life gradually. That is especially true for important decisions, like choosing a ₅ university or a future job. So, what about your future? Don't worry about it too much! However, when you're ₆ ready, think about these questions: What is your dream? What do you enjoy doing? Where do you want to study and eventually live? In the end, you will make the best decision for you.

番号と下線のついた箇所は特に発音に注意するポイントです。次の説明にしたがって音読しましょう。

❶ What is

　「ワット」「イズ」ではなく、what [wάt] の [t]「ト」と is [ɪz] の [ɪ]「イ」が重なり、「ワッティズ」という発音になります。

❷ want to

　「ウォント」「トゥ」ではなく、want の t と to の t が重なり、「ウォントゥ」という発音になります。

❸ these

　these [ðíːz] の th [ð] の音は「ジ」と発音しがちですが、th [ð] は上と下の前歯の間を少しあけ、その間を舌の先で軽く触れるようにしながら濁った音を出します。

❹ worrying about it

　「ウァリング」「アバウト」「イット」ではなく、worrying [wə́ːrɪŋ] の [ŋ]「ング」と about [əbάʊt] の [ə]「（弱い）ア」、about [əbάʊt] の [t]「ト」と it [ít] の [i]「イ」が重なり、「ウァリンガバウティット」という発音になります。

❺ university

　university [jùːnəvə́ːsəṭi] の v の音は「ブ」と発音しがちですが、v は上の歯を下唇に軽く当て、濁った音「ヴ」として発音します。

❻ ready

　ready [rédi] の r の音は「レ」と発音しがちですが、口の中で舌はどこにも触れずに発音します。また r から始まる単語を発音する場合、少し口をすぼめて発音し始めると英語らしい発音となりますので、「ゥレディ」という感じで発音してみましょう。

　5分間の音読回数を、48ページの「アルゴリズム音読記録表」に記録してください。1日目と比べて、伸びを実感してみましょう。ここで休憩を取りましょう。

▶10～20分休憩　タイマーのセットを忘れずに！

　この間、次ページの**オプションコンテンツ2　文構造・文法解説**で、文法に意識を向けてカタマリごとの意味をしっかりおさえておきましょう。

2日目　休憩時間のオプションコンテンツ

オプションコンテンツに取り組むと「アルゴリズム音読」のパワーが最大限に発揮されます。頭に英文をどんどんストックしていきましょう。

▶ **オプションコンテンツ2**　文構造・文法解説

取り組み　文法解説は本書で扱う中心的な内容ではありません。しかし、「英語の文構造を意識した語順感覚」を身につけるにあたり、文構造や文法に意識を向けるために簡単に解説しています。「なぜこうした表現になっているのだろう」と気になったら、文法書などで調べてみましょう。なお、本文に登場する文法事項のうち、動名詞は第5ラウンド、不定詞は第6ラウンドのそれぞれ4日目のオプションコンテンツで扱っています。

Thinking about Your Future

What is your dream?

What be ～?「～は何ですか？」

Where do you **want to attend** college?

Where do ～?「どこで～をしますか？」

〈want＋不定詞（to＋動詞の原形）〉「～したい」

What do you **want to do** in the future?

What do ～?「何をしますか？」

〈want＋不定詞（to＋動詞の原形）〉「～したい」

You **may not** be able to answer these questions now

may not「～でないかもしれない」

but it is a good idea to **begin thinking** about them.

begin 〜ing「〜し始める」

Also, your dreams and goals may change **as** you grow older.

as + S V「S が V するとともに」

The main thing is not to spend too much time

S is not 〜「S（主語）は〜ではない」

〈不定詞（to + 動詞の原形）〉「〜をかけること」

worrying about it now.

動名詞（動詞 〜ing）「〜すること」

It doesn't matter [when you begin thinking about these questions,] only that you are aware of them.

[　] は when で始まる名詞節「いつ〜するか（ということ）」

It is better **to make big decisions** in your life gradually.

Itは仮主語、不定詞(to + 動詞の原形)が導く to make big decisionsが真の主語（意味上の主語）

That is especially true for important decisions, **like choosing** a university or a future job.

前置詞「〜のように」

動名詞（動詞 〜ing）「〜すること」

So, **what about** your future?

what about 〜?「〜についてはどうなっているのでしょう」

Don't worry about it too much!

否定命令文 Don't + 動詞「〜するな」

第3
ラウンド

However, when you're ready, think about these questions:
What is your dream? What do you **enjoy doing**?

〈enjoy＋動名詞（動詞 ～ing）〉「～するのが楽しい」

Where do you **want to study** and eventually live?

〈want＋不定詞（to＋動詞の原形）〉「～したい」

In the end, you will make the best decision for you.

| 2日目 | 5分音読 | 2回目 | 月　日 実施 | 記入しましょう！ |

▶ **5分音読 B** 見上げて音読（リード・アンド・ルックアップ）　（2回目）

※詳しい方法は34ページを参照

　音声は聞きません。スラッシュで区切られたフレーズごとに、Thinking about Your Future の英文を見て頭に入れます。その後本文から目を離し、天井などを見上げながらこのフレーズを口から出しましょう。本からいったん目を離してルックアップする（見上げる）のがポイントで、このとき英文が脳に格納されていきます。
　2回目の今日は、**オプションコンテンツ2　文構造・文法解説**に記した文構造や文法を意識するとより効果が高まります。

5分間で目標とする音読回数	現在の英語力レベル	
3.5回	英検準2級	TOEIC 400～500点
4回	英検2級	TOEIC 500～700点
4.5回	英検準1級	TOEIC 700～800点

112

Thinking about Your Future

What is your dream? // Where do you want to attend college? // What do you want to do / in the future? // You may not be able to answer / these questions now / but it is a good idea / to begin thinking about them. // Also, / your dreams and goals may change / as you grow older. // The main thing is not / to spend too much time / worrying about it now. // It doesn't matter / when you begin thinking about these questions, / only that you are aware of them. // It is better / to make big decisions in your life / gradually. // That is especially true / for important decisions, / like choosing a university or a future job. // So, / what about your future? // Don't worry about it too much! // However, / when you're ready, / think about these questions: // What is your dream? / What do you enjoy doing? / Where do you want to study / and eventually live? // In the end, / you will make the best decision / for you. //

　　５分間の音読回数を、48ページの「アルゴリズム音読記録表」に記録してください。これで第３ラウンド２日目の終了です。同じ英文をくり返し読むことで、英文が頭に入ってきているはずです。明日も「アルゴリズム音読」を続けましょう。

3日目　　**5分音読**　　**1回目**　　　　**月**　　**日 実施**　記入しましょう！

　今日は、1、2日目とは異なるトレーニングを行います。英語音声を止めることなく、追いかけるように Thinking about your future を音読しましょう。それが難しい場合は、再生速度を調整してみましょう。

▶ **5分音読 C**　**追っかけ音読（シャドーイング）**　（**1回目**）

※詳しい方法は 37 ページを参照

　音声に続いて、発音に注意しながら Thinking about Your Future を音読しましょう。

5分間で目標とする音読回数	現在の英語力レベル	
4回	英検準2級	TOEIC 400〜500点
4.5回	英検2級	TOEIC 500〜700点
5回	英検準1級	TOEIC 700〜800点

再生速度の目安
0.5倍

　追っかけ音読1回目の今日は発音に意識を置き、聞こえてくる音声をできるだけ再現しながら音読することに努めましょう。

Thinking about Your Future

What is your dream? Where do you want to attend college? What do you want to do in the future? You may not be able to answer these questions now but it is a good idea to begin thinking about them. Also, your dreams and goals may change as you grow older. The main thing is not to spend too much time worrying about it now. It doesn't matter when you begin thinking about these questions, only that you are aware of them. It is better to make big decisions in your life gradually. That is especially true for important decisions, like choosing a university or a future job. So, what about your future? Don't worry about it too much! However, when you're ready, think about these questions: What is your dream? What do you enjoy doing? Where do you want to study and eventually live? In the end, you will make the best decision for you.

　5分間の音読回数を、48ページの「アルゴリズム音読記録表」に記録してください。ここで休憩を取りましょう。

▶10～20分休憩　タイマーのセットを忘れずに！
　この間、次ページの**オプションコンテンツ3　単語ストック**で、単語力を鍛えましょう。

▶ **オプションコンテンツ3** 単語ストック

取り組み 1日目の**オプションコンテンツ1B**に出てきた単語を、今日は英文で覚えましょう。丸暗記ではなく「アルゴリズム音読」の音読A「まねして音読」、音読B「見上げて音読」、音読D「瞬訳音読」の各パターンを実践すると、自然と頭に格納されていきます。

☐	We attended the meeting.	私たちはその会議に出席した。
☐	The company is growing rapidly.	その会社は急に成長している。
☐	The man looks older.	その男性はより年をとっているように見える。
☐	My daughter spends a lot of time on games.	私の娘はゲームに多くの時間を使っている。
☐	Don't worry about such a small thing.	そんな小さなことは気にしないで。
☐	It doesn't matter when you come.	いつ来てもかまわないよ。
☐	He is aware of his danger.	彼は身の危険に気づいている。
☐	It is better to ignore this point.	この点は無視したほうがよい。
☐	This is my final decision.	これが私の最終決定です。
☐	It gradually escalated.	だんだんエスカレートしてきた。
☐	She especially likes music.	彼女はとりわけ音楽が好きです。
☐	However, I have no money.	しかし、わたしにはお金はありません。
☐	Eventually, he changed his mind.	ついには彼は心変わりした。

それぞれの音読をしたら☐にチェックマークを入れましょう。

☐**音読A**　まねして音読（リピーティング）
☐**音読B**　見上げて音読（リード・アンド・ルックアップ）
☐**音読D1**　瞬訳音読（英語から日本語への瞬間和訳）
☐**音読D2**　瞬訳音読（日本語から英語への瞬間英作文）

▶ **5分音読 D1** 瞬訳音読（英語から日本語への瞬間和訳）　（1回目）

※詳しい方法は39ページを参照

　表の右側（日本語）を手で隠し、英語を見て日本語に訳していきましょう。

5分間で目標とする音読回数	現在の英語力レベル	
1.5回	英検準2級	TOEIC 400～500点
2回	英検2級	TOEIC 500～700点
2.5回	英検準1級	TOEIC 700～800点

☐	Thinking about Your Future	将来について考える
☐	What is your dream?	あなたの夢は何ですか？
☐	Where do you want to attend college?	どこ（の場所、国）で大学に行きたいですか？
☐	What do you want to do	何をしたいですか？
☐	in the future?	将来
☐	You may not be able to answer	答えることはできないかもしれません
☐	these questions now	現在はこれらの質問に
☐	but it is a good idea	しかし、よい考えです
☐	to begin thinking about them.	それらについて考え始めることは
☐	Also,	また、
☐	your dreams and goals may change	あなたの夢と目標は変わるかもしれません
☐	as you grow older.	あなたが年齢を経るにつれて
☐	The main thing is not	大事なことは～ではありません
☐	to spend too much time	時間をかけすぎること
☐	worrying about it now.	今それを心配することに
☐	It doesn't matter	問題ではありません

☐	when you begin thinking about these questions,	いつこれらの問いについて考え始めるのかということは
☐	only that you are aware of them.	あなたはそれらに気づいていればよいだけです
☐	It is better	よりよいことです
☐	to make big decisions in your life	人生で大きな決断をするのは
☐	gradually.	（一気にではなく）徐々に
☐	That is especially true	それは、特に当てはまります
☐	for important decisions,	重要な決定に対して
☐	like choosing a university or a future job.	大学や将来の仕事の選択など
☐	So,	では、
☐	what about your future?	あなたの将来はどうですか？
☐	Don't worry about it too much!	心配しすぎないでください！
☐	However,	ただし、
☐	when you're ready,	準備ができたら、
☐	think about these questions:	次の質問について考えてください
☐	What is your dream?	あなたの夢は何ですか？
☐	What do you enjoy doing?	何をするのを楽しみますか？
☐	Where do you want to study	どこで勉強したいですか
☐	and eventually live?	そして最終的には（どこに）住みたいですか？
☐	In the end,	最後には、
☐	you will make the best decision	あなたは最高の決定を下すことになるでしょう
☐	for you.	自分にとって

　5分間の音読回数を、48ページの「アルゴリズム音読記録表」に記録してください。これで第3ラウンド3日目が終了、このラウンドのアルゴリズムも75％まで到達しました。明日はこのラウンドの仕上げです。

　いよいよ第3ラウンドの最終日です！　1回目の音読は昨日と同じトレーニングです。

▶ **5分音読 C**　追っかけ音読（シャドーイング）　**2回目**

※詳しい方法は37ページを参照

　音声を追いかけて、Thinking about Your Future を音読しましょう。それが難しい場合には、再生速度を調整してみましょう。

5分間で目標とする音読回数	現在の英語力レベル	
4.5回	英検準2級	TOEIC 400～500点
5回	英検2級	TOEIC 500～700点
5.5回	英検準1級	TOEIC 700～800点

再生速度の目安
0.75倍

　追っかけ音読2回目の今日は英文ストックに意識を置き、一字一句見逃すことなく音読することに努めましょう。

Thinking about Your Future

What is your dream? Where do you want to attend college? What do you want to do in the future? You may not be able to answer these questions now but it is a good idea to begin thinking about them. Also, your dreams and goals may change as you grow older. The main thing is not to spend too much time worrying about it now. It doesn't matter when you begin thinking about these questions, only that you are aware of them. It is better to make big decisions in your life gradually. That is especially true for important decisions, like choosing a university or a future job. So, what about your future? Don't worry about it too much! However, when you're ready, think about these questions: What is your dream? What do you enjoy doing? Where do you want to study and eventually live? In the end, you will make the best decision for you.

5分間の音読回数を、48ページの「アルゴリズム音読記録表」に記録してください。ここで休憩を取りましょう。

▶10～20分休憩　タイマーのセットを忘れずに！

この間、次ページの**オプションコンテンツ4　文法事項の強化＋重点ストック**で、このラウンドでターゲットとする文法：疑問文・否定文を強化しておきましょう。

▶ **オプションコンテンツ4** 文法事項の強化＋重点ストック

取り組み このラウンドでターゲットとする疑問文・否定文を復習・強化
しましょう。一見「カンタンカンタン、もうわかっている」と思
いがちな文法項目ですが、次のラウンドでここの復習が生きて
きます。しっかり確認しておきましょう。

▶ **疑問文の意味：「～ですか」**

　疑問文の作り方は、be 動詞や do、does、did などを主語の前に置き、
最後にクエスチョンマークを付けます。大きく分けると、be 動詞のパター
ンと一般動詞のパターン、それに疑問詞で始まるパターンがあります。

be動詞パターン be 動詞を主語の前に置く

一般動詞パターン do、does、did などを主語の前に置く

疑問詞で始まるパターン 疑問詞で始め、その後は be 動詞パターンか
一般動詞パターンを続ける

Your dream is ~. <small>主語　　　be動詞</small>	あなたの夢は～です。
[What] **is your dream**? <small>疑問詞 be動詞　　主語</small>	あなたの夢は何ですか？

▶ **否定文の意味：「～ではない」**

否定文の作り方は、動詞が be 動詞ならその後に not をつけ、一般動詞
ならその前に do not [don't]、does not [doesn't]、did not [didn't] な
どをつけます。

be動詞パターン be 動詞の後に not をつける

The main thing **is not** to spend too much time worrying
about it now. <small>be 動詞 + not</small>

一般動詞パターン 動詞の前に don't、doesn't、didn't などをつける

I **don't have** a pen.
<small>don't + 動詞</small>

▶ 疑問文・否定文を重点ストック！

　それぞれの文を、まねして音読、見上げて音読、瞬訳音読の3パターンで試してみましょう。

☐	This is a pen.	これはペンです。
☐	Is this a pen? 疑問文〈be動詞＋主語〉	これはペンですか？
☐	You have a pen.	あなたはペンを持っています。
☐	Do you have a pen? 疑問文〈do＋主語＋動詞〉	あなたはペンを持っていますか？
☐	Yes, I do. / No, I don't. 応答　肯定／否定	はい。／いいえ。
☐	What is this? 疑問文〈疑問詞＋be動詞＋主語〉	これは何ですか？
☐	It is a pen. 応答	それはペンです。
☐	What do you have? 疑問文〈疑問詞＋do＋主語＋一般動詞〉	あなたは何を持っていますか？
☐	I have a pen.	私はペンを持っています。
☐	This is not a pen. 否定文〈主語＋be動詞＋not〉	これはペンではありません。
☐	You do not have a pen. 否定文〈主語＋do＋not＋一般動詞〉	あなたはペンを持っていません。
☐	You don't have a pen. 否定文〈主語＋don't(do not省略形)＋一般動詞〉	あなたはペンを持っていません。

それぞれの音読をしたら☐にチェックマークを入れましょう。

☐ **音読A**	まねして音読（リピーティング）
☐ **音読B**	見上げて音読（リード・アンド・ルックアップ）
☐ **音読D1**	瞬訳音読（英語から日本語への瞬間和訳）
☐ **音読D2**	瞬訳音読（日本語から英語への瞬間英作文）

4日目　　5分音読　　**2回目**　　　　月　　日 実施　記入しましょう！

▶ **5分音読 D2** 瞬訳音読（日本語から英語への瞬間英作文）　(1回目)

※詳しい方法は39ページを参照

　ページの左側（英語）を手で隠し、日本語を見て英語に訳していきましょう。

5分間で目標とする音読回数	現在の英語力レベル	
1回	英検準2級	TOEIC 400～500点
1.5回	英検2級	TOEIC 500～700点
2回	英検準1級	TOEIC 700～800点

☐	Thinking about Your Future	将来について考える
☐	What is your dream?	あなたの夢は何ですか？
☐	Where do you want to attend college?	どこ（の場所、国）で大学に行きたいですか？
☐	What do you want to do	何をしたいですか？
☐	in the future?	将来
☐	You may not be able to answer	答えることはできないかもしれません
☐	these questions now	現在はこれらの質問に
☐	but it is a good idea	しかし、よい考えです
☐	to begin thinking about them.	それらについて考え始めることは
☐	Also,	また、
☐	your dreams and goals may change	あなたの夢と目標は変わるかもしれません
☐	as you grow older.	あなたが年齢を経るにつれて
☐	The main thing is not	大事なことは～ではありません
☐	to spend too much time	時間をかけすぎること
☐	worrying about it now.	今それを心配することに
☐	It doesn't matter	問題ではありません

☐	when you begin thinking about these questions,	いつこれらの問いについて考え始めるのかということは
☐	only that you are aware of them.	あなたはそれらに気づいていればよいだけです
☐	It is better	よりよいことです
☐	to make big decisions in your life	人生で大きな決断をするのは
☐	gradually.	(一気にではなく)徐々に
☐	That is especially true	それは、特に当てはまります
☐	for important decisions,	重要な決定に対して
☐	like choosing a university or a future job.	大学や将来の仕事の選択など
☐	So,	では、
☐	what about your future?	あなたの将来はどうですか？
☐	Don't worry about it too much!	心配しすぎないでください！
☐	However,	ただし、
☐	when you're ready,	準備ができたら、
☐	think about these questions:	次の質問について考えてください
☐	What is your dream?	あなたの夢は何ですか？
☐	What do you enjoy doing?	何をするのを楽しみますか？
☐	Where do you want to study	どこで勉強したいですか
☐	and eventually live?	そして最終的には（どこに）住みたいですか？
☐	In the end,	最後には、
☐	you will make the best decision	あなたは最高の決定を下すことになるでしょう
☐	for you.	自分にとって

　5分間の音読回数を、48ページの「アルゴリズム音読記録表」に記録してください。これで第3ラウンド終了です。大変お疲れさまでした。明日からは第4ラウンドです。新しい英文を音読していきますので、気持ちをリフレッシュして取り組んでください！

○ モチベーション ○

　学習をする上で、モチベーションは必ずキーワードとなってきます。モチベーションがなければ学習は続かないですし、いくらよい勉強法を知っていたとしても続かないとその効果は得られません。

　一般的にモチベーションには、「外発的モチベーション」と「内発的モチベーション」があると言われています。「外発的モチベーション」とは、「報酬」や「罰」によって、外からの圧力によるモチベーションです。具体的に言うと、「合格したらゲームを買ってあげる」という報酬や、「合格しないとお小遣い減らすよ」という罰です。「内発的モチベーション」は自分の内部に湧き上がる興味や関心からくるものです。好きなことはいつまでも続けられたり、理解が早かったりするものですよね。

　「外発的モチベーション」と「内発的モチベーション」にはそれぞれ特徴があって、「外発的モチベーション」は即効性が高いが、持続性が低いと言われています。「合格したらゲームを買ってあげる」と言われたら、すぐにモチベーションは上がるでしょうが、そのモチベーションは続きにくいのです。

　一方「内発的モチベーション」は即効性が低いが、持続性が高いと言われています。何かの物事に興味、関心を抱くようになるには時間がかかります。しかし、一度好きになったものに対しては自らやりたいという気持ちになり、継続していけるものです。外発的モチベーションと内発的モチベーションはそれぞれ一長一短ありますので、うまく組み合わせることが重要です。

　英語学習を行う場合、これらのモチベーションはどのように組み合わせたらよいのでしょうか。

　外発的モチベーションとして、英検の級を取得すると何か買ってもらえる（または自分へのご褒美として何かを買う）という設定をすれば、まずモチベーションが上がるでしょう。内発的モチベーションとしては、「達成感」がキーになります。達成感を得られるようになるとやっていることが楽しくなります。

　では、どのようにすれば達成感を得られるのでしょうか。これは、長期的と短期的、両方の目標を立てることをおすすめします。長期的な目標、例えば「1年後に英検2級に合格する」などの具体的な目標を立てることは、学習の到達点（ゴール）が明確になり、前述の通り、戦略が立てやすくなります。短期的目標とは、もっと短いスパン、例えば英検試験が行われる4ヵ月ごとのスコア目

標であったり、さらにそれを４つに区切った１ヵ月ごとの目標であったりします。一つ一つのステップを細かく区切ることにより、より達成しやすいゴールができるので、達成感を得やすくなります。

　とはいっても、英語学習を行っていてもなかなか結果がでません。ここで覚えておいてほしい言葉があります。「成長はＳ字カーブ」と言われています。どのようなことにおいても言えるということです。

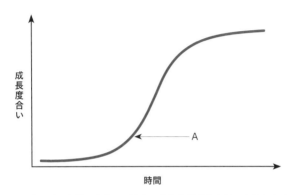

　このカーブの左側のように、初めのうちは時間をかけてもなかなか成長が見られません。しかしある点（図のＡ）に到達した時、急に成長を遂げるようになります。

　すべての「成長」がこのようなカーブを描くと言われています。英語学習においても、初めは単語や文法などの知識、発音やリスニングなどのスキルがまだ十分でなく、それが体系立って身についていません。それがだんだんと自分のものになってきてＡ点に達すると、雪だるま式に成長していくことになります。この時「英語ができるようになってきた！」と感じるわけです。

　このＳ字カーブで大事なのは、「初めはどうしても伸びを感じづらい」と、「正しい方法で地道にやっていれば、Ａ点に達した時に急な成長がみられる」ことを覚えておくことです。「この先に成長が待っている」と思えば、たゆまず学習を続けていくことができるものです。

第 **4** ラウンド

ターゲットとする文法

助動詞

Summer Vacation

を音読しよう！

▶ **5分音読A**　まねして音読（リピーティング）　（1回目）

※詳しい方法は28ページを参照

音声に続いて、発音に注意しながら Summer Vacation を音読しましょう。

5分間で目標とする音読回数	現在の英語力レベル	
3回	英検準2級	TOEIC 400〜500点
3.5回	英検2級	TOEIC 500〜700点
4回	英検準1級	TOEIC 700〜800点

Summer ₁Vacation

What might you do during summer vacation? A vacation can be taken to relax, see famous places, or to visit relatives. For my vacation this year, I won't go to a ₂famous place. I will visit my grandparents. They live in Aomori. My sister may not go with me this year because she visited them ₃recently. It has been two years since my last visit. I can't ₄forget it because it was so memorable. My grandfather took some time off from work to show me around the area. We ₅ended up visiting a beautiful lake. Why didn't I bring my swimsuit? My sister did take her swimsuit luckily during her visit, so she could go swimming. This time, I'll be packing my swimsuit, for sure. My grandmother will cook ₆all of my favorite foods while I'm there. She often says, "Please, do eat all your vegetables or no cake for dessert!" I might not ₇want to return home!

番号と下線のついた箇所は特に発音に注意するポイントです。次の説明にしたがって音読しましょう。

❶ Vacation

　Vacation [vəɪkéɪʃən] は「バケーション」ではなく、v は上の歯を下唇に軽く当て、濁った音「ヴ」と発音し、vacation の va [vəɪ] と ca [kéɪ] は、「エイ」という発音です。つまり、「ヴェイケイション」という発音になります。

❷ famous

　famous [féɪməs] の f は上の歯を下唇に軽く当て、濁らない音「フ」と発音し、a [éɪ] は「エイ」と発音します。また、mous [məs] の s は su ではないので、日本語の「ス」ではなく、母音の u をできるだけ発音しないように歯と歯の隙間から音を漏らす程度にします。「マス」ではなく「マ s」というイメージです。

❸ recently

　recently [ríːsntli] の [ríː] の部分は、口の中で舌はどこにも触れずに発音します。また r から始まる単語を発音する場合、少し口をすぼめて発音し始めると英語らしい発音となりますので、「ゥリーセントリー」という感じで発音してみましょう。アクセントは、[ríː] の部分にあります。「ゥリーセントリー」ではなく、「ゥリーセントリー」という発音にしましょう。また、li [l] の音は、舌の先を上の歯の付け根にしっかりとくっつけて発音します。R と L の発音が同時に出てくるので、音をしっかり意識して発音してみましょう。

❹ forget it

　「フォゲット」「イット」ではなく、forget [fɚɡét] の t [t] と it [ít] の [i]「イ」が重なり、「フォゲッティト」という発音になります。また、f は上の歯を下唇に軽く当て、濁らない音「フ」と発音する部分にも意識をおきましょう。

❺ ended up

　「エンディッド」「アップ」ではなく、ended [éndəd] の [d]「ド」と up [ʌ́p] の u [ʌ]「ア」が重なり、「エンディッダップ」という発音になります。

❻ all of

　all の l の音は、舌の先を上の歯の付け根にしっかりとくっつけて発音します。次に of の v の発音は、上の歯を下唇に軽く当て、濁った音「ヴ」として発音することにも意識をおきましょう。それぞれの単語を独立させて「オール」「オヴ」と発音するのではなく、all [ɔ́ːl] の [l]「ル」と of [əv] の [ə]「(弱い)ア」が重なり、「オーラヴ」という発音になります。

❼ want to

「ウォント」「トゥー」ではなく、want [wánt] の [t]「ト」と to [tʊ] の t [t]「ト」
が重なり、「ウォントゥー」と発音します。

5分間の音読回数を、48ページの「アルゴリズム音読記録表」に記録し
てください。ここで休憩を取りましょう。

▶10〜20分休憩　タイマーのセットを忘れずに！

この間、次ページの**オプションコンテンツ1A　英文全訳とフレーズ対応
訳**で、全体の流れと意味を把握しましょう。次に**オプションコンテンツ1B
単熟語リスト**で、意味のわからない語彙をしっかりおさえておきましょう。

1日目　休憩時間のオプションコンテンツ

オプションコンテンツに取り組むと「アルゴリズム音読」のパワーが最大
限に発揮されます。頭に英文をどんどんストックしていきましょう。

▶ オプションコンテンツ1A　英文全訳とフレーズ対応訳

取り組み　音読した英文全体の意味を確認し、理解と異なる箇所について
はフレーズ対応訳で見直しておきましょう。

全訳

夏休み

あなたは夏休みの間に何をするでしょうか？　休みをとって、リラック
スしたり、有名な場所を見に行ったり、親戚を訪ねたりすることができま
す。今年の休みでは、私は有名な場所には行きません。私は祖父母を訪問
するつもりです。彼らは青森に住んでいます。妹は最近祖父母のところを
訪れたので、今年は私と一緒に行かないかもしれません。私は前回の訪問
から2年が経ちました。とても思い出深かったので、私はそれを忘れられ

ません。祖父は仕事を少しの期間休んで、私にこの地域を案内してくれました。私たちは最後に美しい湖を訪れました。なぜ私は水着を持ってこなかったのでしょうか？　私の妹は幸運にも訪問時に水着を持っていったので、彼女は泳ぐことができました。今回、私は必ず水着を持っていくことになるでしょう。私の祖母は私がそこにいる間、私の好きな食べ物をすべて料理してくれるでしょう。よく祖母は「野菜を全部食べてちょうだい、そうしなければデザートのケーキはなしよ！」と言います。私は家に帰りたくならないかもしれません！

フレーズ対応訳

□	Summer Vacation	夏休み
□	What might you do	あなたは何をするでしょうか？
□	during summer vacation?	夏休みの間に
□	A vacation can be taken to relax,	休みをとって、リラックスしたり、
□	see famous places,	有名な場所を見に行ったり、
□	or to visit relatives.	親戚を訪ねたりすることができます
□	For my vacation this year,	今年の休みでは、
□	I won't go to a famous place.	私は有名な場所には行きません
□	I will visit my grandparents.	私は祖父母を訪問するつもりです
□	They live in Aomori.	彼らは青森に住んでいます
□	My sister may not go with me this year	妹は今年は私と一緒に行かないかもしれません
□	because she visited them recently.	彼女は最近祖父母のところを訪れたので
□	It has been two years	2年が経ちました
□	since my last visit.	私の前回の訪問から

☐	I can't forget it	私はそれを忘れられません
☐	because it was so memorable.	とても思い出深かったので
☐	My grandfather took some time off from work	祖父は仕事を少し休んで休暇をとり
☐	to show me around the area.	私にこの地域を案内してくれました
☐	We ended up visiting a beautiful lake.	私たちは最後に美しい湖を訪れました
☐	Why didn't I bring my swimsuit?	なぜ私は水着を持ってこなかったのでしょうか？
☐	My sister did take her swimsuit luckily during her visit,	私の妹は幸運にも訪問時に水着を持っていったので、
☐	so she could go swimming.	彼女は泳ぐことができました
☐	This time,	今回、
☐	I'll be packing my swimsuit,	私は水着を持っていくことになるでしょう
☐	for sure.	必ず
☐	My grandmother will cook all of my favorite foods	私の祖母は、私の好きな食べ物をすべて料理してくれるでしょう
☐	while I'm there.	私がそこにいる間
☐	She often says,	よく祖母は〜と言います。
☐	"Please, do eat all your vegetables	「野菜を全部食べてちょうだい、
☐	or no cake for dessert!"	そうしなければデザートのケーキはなしよ！」
☐	I might not want to return home!	私は家に帰りたくならないかもしれません！

▶ オプションコンテンツ1B　単熟語リスト

　音読していて意味がわからなかったり、あやふやだったりした単語は、ここで意味を確認しておきましょう。これらの単語を頭に入れると、さらに音読の効果が高まります。

☐	might	助動 ～かもしれない
☐	relative	名 親戚
☐	grandparents	名 祖父母
☐	memorable	形 思い出深い、記憶に残る
☐	time off	名 休暇
☐	end up	最後には～になる、結局～になる
☐	luckily	副 幸運にも
☐	for sure	きっと

| 1日目 | 5分音読 | 2回目 | | 月 | 日 実施 | 記入しましょう！ |

▶ 5分音読 B 見上げて音読（リード・アンド・ルックアップ）

※詳しい方法は34ページを参照

　音声は聞きません。スラッシュで区切られたフレーズごとに、Summer Vacation の英文を見て頭に入れます。その後本文から目を離し、天井などを見上げながらこのフレーズを口から出しましょう。本からいったん目を離してルックアップする（見上げる）のがポイントで、このとき英文が脳に格納されていきます。

5分間で目標とする音読回数	現在の英語力レベル	
2.5回	英検準2級	TOEIC 400〜500点
3回	英検2級	TOEIC 500〜700点
3.5回	英検準1級	TOEIC 700〜800点

Summer Vacation

What might you do / during summer vacation? // A vacation can be taken to relax, / see famous places, / or to visit relatives. // For my vacation this year, / I won't go to a famous place. // I will visit my grandparents. // They live in Aomori. // My sister may not go with me this year / because she visited them recently. // It has been two years / since my last visit. // I can't forget it / because it was so memorable. // My grandfather took some time off from work / to show me around the area. // We ended up visiting a beautiful lake. // Why didn't I bring my swimsuit? // My sister did take her swimsuit luckily during her visit, / so she could go swimming. // This time, / I'll be packing my swimsuit, / for sure. // My grandmother will cook all of my favorite foods / while I'm there. / She often says, / "Please, do eat all your vegetables / or no cake for dessert!" // I might not want to return home! //

　5分間の音読回数を、48ページの「アルゴリズム音読記録表」に記録してください。これで第4ラウンド1日目の終了です。お疲れさまでした。また明日、10分間の「アルゴリズム音読」で、英語のスキルを伸ばしていきましょう。

1日目と同じトレーニングですが、2日目なので音読できる回数が増えているかもしれませんね。

▶ **5分音読A** まねして音読（リピーティング） **2回目**

※詳しい方法は28ページを参照

音声に続いて、発音に注意しながら Summer Vacation を音読しましょう。

5分間で目標とする音読回数	現在の英語力レベル	
3.5回	英検準2級	TOEIC 400〜500点
4回	英検2級	TOEIC 500〜700点
4.5回	英検準1級	TOEIC 700〜800点

Summer ₀Vacation

What might you do during summer vacation? A vacation can be taken to relax, see famous places, or to visit relatives. For my vacation this year, I won't go to a ₂famous place. I will visit my grandparents. They live in Aomori. My sister may not go with me this year because she visited them ₃recently. It has been two years since my last visit. I can't ₄forget it because it was so memorable. My grandfather took some time off from work to show me around the area. We ₅ended up visiting a beautiful lake. Why didn't I bring my swimsuit? My sister did take her swimsuit luckily during her visit, so she could go swimming. This time, I'll be packing my swimsuit, for sure. My grandmother will cook ₆all of my favorite foods while I'm there. She often says, "Please, do eat all your vegetables or no cake for dessert!" I might not ₇want to return home!

番号と下線のついた箇所は特に発音に注意するポイントです。次の説明にしたがって音読しましょう。

❶ Vacation

Vacation [vəɪkéɪʃən] は「バケーション」ではなく、v は上の歯を下唇に軽く当て、濁った音「ヴ」と発音し、vacation の va [vəɪ] と ca [kéɪ] は、「エイ」という発音です。つまり、「ヴェイケイション」という発音になります。

❷ famous

famous [féɪməs] の f は上の歯を下唇に軽く当て、濁らない音「フ」と発音し、a [éɪ] は「エイ」と発音します。また、mous [məs] の s は su ではないので、日本語の「ス」ではなく、母音の u をできるだけ発音しないように歯と歯の隙間から音を漏らす程度にします。「マス」ではなく「マ s」というイメージです。

❸ recently

recently [ríːsntli] の [ríː] の部分は、口の中で舌はどこにも触れずに発音します。また r から始まる単語を発音する場合、少し口をすぼめて発音し始めると英語らしい発音となりますので、「ゥリーセントリー」という感じで発音してみましょう。アクセントは、[ríː] の部分にあります。「ゥリー**セント**リー」ではなく、「ゥ**リー**セントリー」という発音にしましょう。また、li [l] の音は、舌の先を上の歯の付け根にしっかりとくっつけて発音します。R と L の発音が同時に出てくるので、音をしっかり意識して発音してみましょう。

❹ forget it

「フォゲット」「イット」ではなく、forget [fəgét] の t [t] と it [it] の [i]「イ」が重なり、「フォゲッティト」という発音になります。また、f は上の歯を下唇に軽く当て、濁らない音「フ」と発音する部分にも意識をおきましょう。

❺ ended up

「エンディッド」「アップ」ではなく、ended [éndəd] の [d]「ド」と up [ʌ́p] の u [ʌ]「ア」が重なり、「エンディッダップ」という発音になります。

❻ all of

all の l の音は、舌の先を上の歯の付け根にしっかりとくっつけて発音します。次に of の v の発音は、上の歯を下唇に軽く当て、濁った音「ヴ」として発音することにも意識をおきましょう。それぞれの単語を独立させて「オール」「オヴ」と発音するのではなく、all [ɔ́ːl] の [l]「ル」と of [əv] の [ə]「（弱い）ア」が重なり、「オーラヴ」という発音になります。

❼ want to

「ウォント」「トゥー」ではなく、want [wάnt] の [t]「ト」と to [tə] の t [t]「ト」が重なり、「ウォントゥー」と発音します。

5分間の音読回数を、48ページの「アルゴリズム音読記録表」に記録してください。1日目と比べて、伸びを実感してみましょう。ここで休憩を取りましょう。

▶**10〜20分休憩　タイマーのセットを忘れずに！**

この間、次ページの**オプションコンテンツ2　文構造・文法解説**で、文法に意識を向けてカタマリごとの意味をしっかりおさえておきましょう。

2日目　　休憩時間のオプションコンテンツ

▶　**オプションコンテンツ2**　　**文構造・文法解説**

取り組み　文法解説は本書で扱う中心的な内容ではありません。しかし、「英語の文構造を意識した語順感覚」を身につけるにあたり、文構造や文法に意識を向けるために簡単に解説しています。「なぜこうした表現になっているのだろう」と気になったら、文法書などで調べてみましょう。なお、本文に登場する文法事項のうち、現在完了は第1ラウンド、受動態は第2ラウンド、疑問文・否定文は第3ラウンドのそれぞれ4日目のオプションコンテンツで扱っているので適宜復習しましょう。不定詞は第6ラウンドのオプションコンテンツに登場します。

Summary Vacation

What **might you do** during summer vacation?
助動詞の疑問文〈疑問詞 + 助動詞 + S + V（原形）〉

A vacation **can be taken** to relax, see famous places, or to
助動詞の受動態〈助動詞 + be + 動詞の過去分詞〉

visit relatives.

For my vacation this year, I **won't go** to a famous place.
否定文〈won't（will not の短縮形）+ 動詞の原形〉

I will visit my grandparents. They live in Aomori.
My sister **may not go** with me this year because she visited
助動詞の否定文〈助動詞 + not + 動詞の原形〉

them recently.

It **has been** two years since my last visit.
現在完了形〈have [has] been（be の過去分詞）〉

I **can't forget** it because it was so memorable.
助動詞の否定文〈can't（can not の短縮形）+ 動詞の原形〉

My grandfather took some time off from work **to show** me
around the area.
不定詞「～するために」

We ended up visiting a beautiful lake. Why didn't I bring my
swimsuit? My sister did take her swimsuit luckily during her
visit, so she **could go** swimming.
助動詞〈could + 動詞の原形〉「～することができた」

This time, I**'ll be packing** my swimsuit, for sure.

助動詞の進行形〈will + be + 動詞 ～ing〉

My grandmother will cook all of my favorite foods while I'm there. She often says, "**Please, do** eat all your vegetables **or** no cake for dessert!" 〈命令文 + or + SV〉「～しなさい、そうしなければ…」

I **might not want** to return home!

助動詞の否定文〈might not + 動詞の原形〉

| 2日目 | 5分音読 | 2回目 | | 月 | 日 実施 | 記入しましょう! |

▶ **5分音読 B** 見上げて音読（リード・アンド・ルックアップ） （2回目）

※詳しい方法は34ページを参照

　音声は聞きません。スラッシュで区切られたフレーズごとに、Summer Vacation の英文を見て頭に入れます。その後本文から目を離し、天井などを見上げながらこのフレーズを口から出しましょう。本からいったん目を離してルックアップする（見上げる）のがポイントで、このとき英文が脳に格納されていきます。

　2回目の今日は、**オプションコンテンツ2　文構造・文法解説**に記した文構造や文法を意識するとより効果が高まります。

5分間で目標とする音読回数	現在の英語力レベル	
3.5回	英検準2級	TOEIC 400～500点
4回	英検2級	TOEIC 500～700点
4.5回	英検準1級	TOEIC 700～800点

Summer Vacation

What might you do / during summer vacation? // A vacation can be taken to relax, / see famous places, / or to visit relatives. // For my vacation this year, / I won't go to a famous place. // I will visit my grandparents. // They live in Aomori. // My sister may not go with me this year / because she visited them recently. // It has been two years / since my last visit. // I can't forget it / because it was so memorable. // My grandfather took some time off from work / to show me around the area. // We ended up visiting a beautiful lake. // Why didn't I bring my swimsuit? // My sister did take her swimsuit luckily during her visit, / so she could go swimming. // This time, / I'll be packing my swimsuit, / for sure. // My grandmother will cook all of my favorite foods / while I'm there. / She often says, / "Please, do eat all your vegetables / or no cake for dessert!" // I might not want to return home! //

　5分間の音読回数を、48ページの「アルゴリズム音読記録表」に記録してください。これで第4ラウンド2日目の終了です。同じ英文をくり返し読むことで、英文が頭に入ってきているはずです。明日も「アルゴリズム音読」を続けましょう。

今日は、1、2日目とは異なるトレーニングを行います。英語音声を止めることなく、追いかけるように Summer Vacation を音読しましょう。それが難しい場合は、再生速度を調整してみましょう。

▶ **5分音読 C** 追っかけ音読（シャドーイング）　

※詳しい方法は37ページを参照

　音声に続いて、発音に注意しながら Summer Vacation を音読しましょう。

5分間で目標とする音読回数	現在の英語力レベル	
4回	英検準2級	TOEIC 400〜500点
4.5回	英検2級	TOEIC 500〜700点
5回	英検準1級	TOEIC 700〜800点

再生速度の目安
0.5倍

　追っかけ音読1回目の今日は発音に意識を置き、聞こえてくる音声をできるだけ再現しながら音読することに努めましょう。

Summer Vacation

What might you do during summer vacation? A vacation can be taken to relax, see famous places, or to visit relatives. For my vacation this year, I won't go to a famous place. I will visit my grandparents. They live in Aomori. My sister may not go with me this year because she visited them recently. It has been two years since my last visit. I can't forget it because it was so memorable. My grandfather took some time off from work to show me around the area. We ended up visiting a beautiful lake. Why didn't I bring my swimsuit? My sister did take her swimsuit luckily during her visit, so she could go swimming. This time, I'll be packing my swimsuit, for sure. My grandmother will cook all of my favorite foods while I'm there. She often says, "Please, do eat all your vegetables or no cake for dessert!" I might not want to return home!

5分間の音読回数を、48ページの「アルゴリズム音読記録表」に記録してください。ここで休憩を取りましょう。

▶10〜20分休憩　タイマーのセットを忘れずに！
この間、次ページの**オプションコンテンツ3　単語ストック**で、単語力を鍛えましょう。

▶ **オプションコンテンツ3**　単語ストック

取り組み　1日目の**オプションコンテンツ1B**に出てきた単語を、今日は英文で覚えましょう。丸暗記ではなく「アルゴリズム音読」の音読A「まねして音読」、音読B「見上げて音読」、音読D「瞬訳音読」の各パターンを実践すると、自然と頭に格納されていきます。

☐	She <u>might</u> come.	彼女は来る<u>かもしれない</u>。
☐	He disagrees with his <u>relatives</u>.	彼は<u>親戚</u>たちと意見が合わない。
☐	I visit my <u>grandparents</u> twice a week.	私は週に2回<u>祖父母</u>に会いに行く。
☐	The president made a <u>memorable</u> speech.	その大統領は<u>記憶に残る</u>スピーチをした。
☐	May I take some <u>time off</u> next week?	来週<u>休暇を取って</u>もよろしいでしょうか。
☐	I <u>ended up</u> winning.	<u>結局</u>、私は勝ちました。
☐	<u>Luckily</u>, I won first prize.	<u>幸運にも</u>私は1等賞を得た。
☐	It'll rain <u>for sure</u>.	<u>きっと</u>雨になりますよ。

それぞれの音読をしたら☐にチェックマークを入れましょう。

☐**音読A**	まねして音読（リピーティング）
☐**音読B**	見上げて音読（リード・アンド・ルックアップ）
☐**音読D1**	瞬訳音読（英語から日本語への瞬間和訳）
☐**音読D2**	瞬訳音読（日本語から英語への瞬間英作文）

▶ **5分音読 D1** 瞬訳音読（英語から日本語への瞬間和訳） （1回目）

※詳しい方法は39ページを参照

　表の右側（日本語）を手で隠し、英語を見て日本語に訳していきましょう。

5分間で目標とする音読回数	現在の英語力レベル	
1.5回	英検準2級	TOEIC 400〜500点
2回	英検2級	TOEIC 500〜700点
2.5回	英検準1級	TOEIC 700〜800点

	英語	日本語
☐	Summer Vacation	夏休み
☐	What might you do	あなたは何をするでしょうか？
☐	during summer vacation?	夏休みの間に
☐	A vacation can be taken to relax,	休みをとって、リラックスしたり、
☐	see famous places,	有名な場所を見に行ったり、
☐	or to visit relatives.	親戚を訪ねたりすることができます
☐	For my vacation this year,	今年の休みでは、
☐	I won't go to a famous place.	私は有名な場所には行きません
☐	I will visit my grandparents.	私は祖父母を訪問するつもりです
☐	They live in Aomori.	彼らは青森に住んでいます
☐	My sister may not go with me this year	妹は今年は私と一緒に行かないかもしれません
☐	because she visited them recently.	彼女は最近祖父母のところを訪れたので
☐	It has been two years	2年が経ちました
☐	since my last visit.	私の前回の訪問から

☐	I can't forget it	私はそれを忘れられません
☐	because it was so memorable.	とても思い出深かったので
☐	My grandfather took some time off from work	祖父は仕事を少し休んで休暇をとり
☐	to show me around the area.	私にこの地域を案内してくれました
☐	We ended up visiting a beautiful lake.	私たちは最後に美しい湖を訪れました
☐	Why didn't I bring my swimsuit?	なぜ私は水着を持ってこなかったのでしょうか？
☐	My sister did take her swimsuit luckily during her visit,	私の妹は幸運にも訪問時に水着を持っていったので、
☐	so she could go swimming.	彼女は泳ぐことができました
☐	This time,	今回、
☐	I'll be packing my swimsuit,	私は水着を持っていくことになるでしょう
☐	for sure.	必ず
☐	My grandmother will cook all of my favorite foods	私の祖母は、私の好きな食べ物をすべて料理してくれるでしょう
☐	while I'm there.	私がそこにいる間
☐	She often says,	よく祖母は～と言います。
☐	"Please, do eat all your vegetables	「野菜を全部食べてちょうだい、
☐	or no cake for dessert!"	そうしなければデザートのケーキはなしよ！」
☐	I might not want to return home!	私は家に帰りたくならないかもしれません！

　5分間の音読回数を、48ページの「アルゴリズム音読記録表」に記録してください。これで第4ラウンド3日目が終了、このラウンドのアルゴリズムも75％まで到達しました。明日はこのラウンドの仕上げです。

いよいよ第4ラウンドの最終日です！　1回目の音読は昨日と同じトレーニングです。

▶ **5分音読 C**　追っかけ音読（シャドーイング）　（**2回目**）

※詳しい方法は37ページを参照

音声を追いかけて、Summer Vacation を音読しましょう。それが難しい場合には、再生速度を調整してみましょう。

5分間で目標とする音読回数	現在の英語力レベル	
4.5回	英検準2級	TOEIC 400〜500点
5回	英検2級	TOEIC 500〜700点
5.5回	英検準1級	TOEIC 700〜800点

再生速度の目安
0.75倍

追っかけ音読2回目の今日は英文ストックに意識を置き、一字一句見逃すことなく音読することに努めましょう。

Summer Vacation

What might you do during summer vacation? A vacation can be taken to relax, see famous places, or to visit relatives. For my vacation this year, I won't go to a famous place. I will visit my grandparents. They live in Aomori. My sister may not go with me this year because she visited them recently. It has been two years since my last visit. I can't forget it because it was so memorable. My grandfather took some time off from work to show me around the area. We ended up visiting a beautiful lake. Why didn't I bring my swimsuit? My sister did take her swimsuit luckily during her visit, so she could go swimming. This time, I'll be packing my swimsuit, for sure. My grandmother will cook all of my favorite foods while I'm there. She often says, "Please, do eat all your vegetables or no cake for dessert!" I might not want to return home!

5分間の音読回数を、48ページの「アルゴリズム音読記録表」に記録してください。ここで休憩を取りましょう。

▶10〜20分休憩　タイマーのセットを忘れずに！

この間、次ページの**オプションコンテンツ4　文法事項の強化＋重点ストック**で、このラウンドでターゲットとする文法：助動詞を強化しておきましょう。

▶ **オプションコンテンツ4** 文法事項の強化＋重点ストック

取り組み このラウンドでターゲットとする助動詞を復習・強化しましょう。

▶ 助動詞が表すこと：話し手の態度

　代表的な助動詞には will（～しよう、～だろう）、can（～できる）、may /
might（～かもしれない）、must（～しなければならない）、should（～
するべきだ）などがあります。それぞれ、話し手（書き手）が心の中でどう
思っているかという態度を表します。前のラウンドでやった、疑問文と否
定文にも慣れておきましょう。助動詞の位置は、否定文では動詞の前＋
not、疑問文は文頭に置くと覚えておくとよいでしょう。

助動詞の普通の文

I will visit my grandparents.

S＋助動詞＋V（原形）

助動詞の否定文

I will not go to a famous place.

S＋助動詞＋not＋V（原形）

助動詞の疑問文

Will you go to a famous place?

助動詞＋S＋V（原形）

助動詞の受動態

My grounparents will be visited by me.

S＋助動詞＋be＋動詞の過去分詞＋by～

▶ **助動詞を重点ストック！**

それぞれの文につき、音読 A「まねして音読」、音読 B「見上げて音読」、音読 D「瞬訳音読」の各パターンを試してみましょう。

☐	I will visit my grandparents. 助動詞 will「〜つもりである」	私は祖父母を訪ねるつもりだ。
☐	I will not visit my grandparents. 助動詞の否定文　will＋not「〜つもりではない」	私は祖父母を訪ねるつもりではない。
☐	Will you visit your grandparents? 助動詞の疑問文　Will＋S＋V「〜つもりですか」	あなたは祖父母を訪ねるつもりですか？
☐	I can take a vacation to relax. 助動詞 can「〜できる」	私はリラックスするために休暇を取ることができる。
☐	A vacation can be taken to relax. 助動詞の受動態 can＋be動詞＋動詞の過去分詞 「〜されることができる」	休暇はリラックスするために取られることができる。
☐	I might want to return home. 助動詞 might「〜かもしれない」	私は家に帰りたくなるかもしれない。
☐	I might not want to return home. 助動詞の否定文　might＋not 「〜つもりではない」	私は家に帰りたくならないかもしれない。

それぞれの音読をしたら☐にチェックマークを入れましょう。

☐**音読 A**	まねして音読（リピーティング）
☐**音読 B**	見上げて音読（リード・アンド・ルックアップ）
☐**音読 D1**	瞬訳音読（英語から日本語への瞬間和訳）
☐**音読 D2**	瞬訳音読（日本語から英語への瞬間英作文）

▶ **5分音読 D2** 瞬訳音読（日本語から英語への瞬間英作文）　（**1回目**）

※詳しい方法は39ページを参照

　ページの左側（英語）を手で隠し、日本語を見て英語に訳していきましょう。

5分間で目標とする音読回数	現在の英語力レベル	
1回	英検準2級	TOEIC 400〜500点
1.5回	英検2級	TOEIC 500〜700点
2回	英検準1級	TOEIC 700〜800点

☐	Summer Vacation	夏休み
☐	What might you do	あなたは何をするでしょうか？
☐	during summer vacation?	夏休みの間に
☐	A vacation can be taken to relax,	休みをとって、リラックスしたり、
☐	see famous places,	有名な場所を見に行ったり、
☐	or to visit relatives.	親戚を訪ねたりすることができます
☐	For my vacation this year,	今年の休みでは、
☐	I won't go to a famous place.	私は有名な場所には行きません
☐	I will visit my grandparents.	私は祖父母を訪問するつもりです
☐	They live in Aomori.	彼らは青森に住んでいます
☐	My sister may not go with me this year	妹は今年は私と一緒に行かないかもしれません
☐	because she visited them recently.	彼女は最近祖父母のところを訪れたので
☐	It has been two years	2年が経ちました
☐	since my last visit.	私の前回の訪問から

☐	I can't forget it	私はそれを忘れられません
☐	because it was so memorable.	とても思い出深かったので
☐	My grandfather took some time off from work	祖父は仕事を少し休んで休暇をとり
☐	to show me around the area.	私にこの地域を案内してくれました
☐	We ended up visiting a beautiful lake.	私たちは最後に美しい湖を訪れました
☐	Why didn't I bring my swimsuit?	なぜ私は水着を持ってこなかったのでしょうか？
☐	My sister did take her swimsuit luckily during her visit,	私の妹は幸運にも訪問時に水着を持っていったので、
☐	so she could go swimming.	彼女は泳ぐことができました
☐	This time,	今回、
☐	I'll be packing my swimsuit,	私は水着を持っていくことになるでしょう
☐	for sure.	必ず
☐	My grandmother will cook all of my favorite foods	私の祖母は、私の好きな食べ物をすべて料理してくれるでしょう
☐	while I'm there.	私がそこにいる間
☐	She often says,	よく祖母は〜と言います。
☐	"Please, do eat all your vegetables	「野菜を全部食べてちょうだい、
☐	or no cake for dessert!"	そうしなければデザートのケーキはなしよ！」
☐	I might not want to return home!	私は家に帰りたくならないかもしれません！

　5分間の音読回数を、48ページの「アルゴリズム音読記録表」に記録してください。これで第4ラウンド終了です。大変お疲れさまでした。明日からは第5ラウンドです。新しい英文を音読していきますので、気持ちをリフレッシュして取り組んでください！

第 5 ラウンド

動名詞

Wearing Uniforms

を音読しよう！

1日目　　5分音読　　**1回目**　　　月　　日 実施　記入しましょう！

▶ **5分音読A**　まねして音読（リピーティング）　**1回目**

※詳しい方法は28ページを参照

　音声に続いて、発音に注意しながら Wearing Uniforms を音読しましょう。

5分間で目標とする音読回数	現在の英語力レベル	
3回	英検準2級	TOEIC 400〜500点
3.5回	英検2級	TOEIC 500〜700点
4回	英検準1級	TOEIC 700〜800点

Wearing Uniforms

Wearing a uniform can ₁make you feel controlled. Kids wear uniforms to school, waiters wear uniforms to work. And wearing a uniform can take away the pressure of decisions and remove stress and anxiety.

　Wearing a similar outfit daily can be a uniform too. ₂Putting on a pair of jeans ₃with a black t-shirt can be fashionable and it is a kind of uniform. People enjoy choosing to wear a uniform because it is simple. It could be a plain gray skirt and white shirt, as long as it is simple.

　Wearing a uniform means that the person does not have to ₄think about his clothes on a specific day. They wake up, ₅take a shower, brush their teeth and put on their uniform. It is easy.

　Some people think that wearing a uniform can take away from who you are. On the other hand, a uniform can ₆help you to organize, to prepare and to be ready for pretty much anything.

番号と下線のついた箇所は特に発音に注意するポイントです。次の説明にしたがって音読しましょう。

❶ make you

「メイク」「ユー」ではなく、make [méɪk] の [k]「ク」と you [jʊ] の [j]「ユ」の音が重なり、「メイキュー」のような発音になります。

❷ Putting on

「プッティング」「オン」ではなく、Putting [pútɪŋ] の t は弱い「リ」のような音になり、さらに [ŋ]「(鼻から抜けるような) グ」と on [ɔn] の [ɔ]「オ」が重なり、「プリンゴン」のような発音になります。

❸ with a

with [wɪð] の th [θ] の音は「ズ」と発音しがちですが、th [ð] は上と下の前歯の間を少しあけ、その間を舌の先で軽く触れるようにしながら濁った音を出します。後ろの a [ə] の「ə：(弱い) ア」と重なり、「ウィザ」のような発音になります。

❹ think about

think [θíŋk] の th [θ] は日本語の「ス」とは異なり、上記③の th と同じ方法で音を出します。ただ、今回は濁らない音を出すようにしてください。また、「シンク」「アバウト」ではなく、think の [k]「ク」と about [əbáʊt] の [ə]「ア」が重なりますので「シィンカバウト」のような発音になります。

❺ take a

「テイク」「ア」ではなく、take [téɪk] の [k]「ク」と a [ə] の [ə]「ア」が重なり「テイカ」という発音になります。

❻ help you

「ヘルプ」「ユー」ではなく、help [p] の [p]「プ」と you [jʊ] の [j]「ユ」が重なり、「ヘルピュー」という発音になります。

5分間の音読回数を、48ページの「アルゴリズム音読記録表」に記録してください。ここで休憩を取りましょう。

▶10〜20分休憩　タイマーのセットを忘れずに！

この間、次ページの**オプションコンテンツ1A　英文全訳とフレーズ対応訳**で、全体の流れと意味を把握しましょう。次に**オプションコンテンツ1B 単熟語リスト**で、意味のわからない語彙をしっかりおさえておきましょう。

　　休憩時間のオプションコンテンツ

　オプションコンテンツに取り組むと「アルゴリズム音読」のパワーが最大限に発揮されます。頭に英文をどんどんストックしていきましょう。

▶ **オプションコンテンツ1A**　英文全訳とフレーズ対応訳

取り組み　音読した英文全体の意味を確認し、理解と異なる箇所についてはフレーズ対応訳で見直しておきましょう。

全訳

制服の着用

　制服を着用すると、あなたは（他人に）管理されていると、あなたに感じさせるかもしれません。子どもたちは制服を着て学校へ行き、ウエイターは制服を着て働きます。制服を着ることは（物事を）決定する際のプレッシャーを取り去り、ストレスと不安を取り除くことができます。

　同じような衣服を毎日着ることも、制服になりえます。黒いTシャツを着てジーンズをはくことは流行になりえるし、一種の制服です。制服を着ることはシンプルなので、人々は制服を着ると選択することを楽しみます。シンプルである限り、無地のグレーのスカートと白いシャツも制服になりえます。

　制服を着ることは、その人が特定の日に自分の服について考える必要がないことを意味します。彼らは目を覚まし、シャワーを浴び、歯を磨いて、制服を着る。簡単なことです。

　制服を着ることは、あなたの個性を奪い去ってしまうと考える人々がいます。一方、制服は、ほとんどどんなことに対しても心構えや用意をしており、心の準備ができているという状態を作ることに役立ちます。

☐	Wearing Uniforms	制服の着用
☐	Wearing a uniform	制服の着用は
☐	can make you feel controlled.	（他人に）管理されていると、あなたに感じさせるかもしれません
☐	Kids wear uniforms to school,	子どもたちは制服を着て学校へ行きます
☐	waiters wear uniforms to work.	ウエイターは制服を着て働きます
☐	And wearing a uniform can take away	そして制服を着ることは～を取り去ることができます
☐	the pressure of decisions	（物事を）決定することのプレッシャーを
☐	and remove stress and anxiety.	そしてストレスと不安を取り除きます
☐	Wearing a similar outfit daily	同じような衣服を毎日着ることは
☐	can be a uniform too.	それも制服になりえます
☐	Putting on a pair of jeans with a black t-shirt	黒いTシャツを着てジーンズをはくことは
☐	can be fashionable	流行になりえます
☐	and it is a kind of uniform.	そして、それは一種の制服です
☐	People enjoy choosing	人々は～を選択することを楽しみます
☐	to wear a uniform	制服を着ることを
☐	because it is simple.	それはシンプルなので
☐	It could be a plain gray skirt and white shirt,	無地のグレーのスカートと白いシャツもありえます
☐	as long as it is simple.	シンプルである限り

☐	Wearing a uniform means	制服を着ることは〜を意味します
☐	that the person does not have to think about his clothes	その人が自分の服について考える必要がないことを
☐	on a specific day.	特定の日に
☐	They wake up, take a shower, brush their teeth	彼らは目を覚まし、シャワーを浴び、歯を磨きます
☐	and put on their uniform.	そして制服を着ます
☐	It is easy.	簡単なことです
☐	Some people think	〜と考える人々がいます
☐	that wearing a uniform can take away from	制服を着ることは〜を奪う可能性がある
☐	who you are.	あなたが誰であるかということ（あなたの個性）を
☐	On the other hand,	一方、
☐	a uniform can help you	制服はあなたの役に立つかもしれません
☐	to organize,	心構えをしていることを
☐	to prepare	用意をしていることを
☐	and to be ready for pretty much anything.	そして心の準備ができていることを、ほとんどどんなことに対しても

　音読していて意味がわからなかったり、あやふやだったりした単語は、ここで意味を確認しておきましょう。これらの単語を頭に入れると、さらに音読の効果が高まります。

□	remove	動 ～を取り去る、～を取り除く
□	stress	名 ストレス
□	anxiety	名 不安
□	outfit	名 衣服
□	fashionable	形 流行の
□	plain	形 無地の、単純な
□	as long as ～	～である限り
□	mean	動 ～を意味する
□	teeth	名 歯（tooth の複数形）

1日目	5分音読	2回目	月 日 実施 記入しましょう!

▶ **5分音読 B** 見上げて音読（リード・アンド・ルックアップ） 1回目

※詳しい方法は34ページを参照

　音声は聞きません。スラッシュで区切られたフレーズごとに、Wearing Uniforms の英文を見て頭に入れます。その後本文から目を離し、天井などを見上げながらこのフレーズを口から出しましょう。本からいったん目を離してルックアップする（見上げる）のがポイントで、このとき英文が脳に格納されていきます。

5分間で目標とする音読回数	現在の英語力レベル	
2.5回	英検準2級	TOEIC 400〜500点
3回	英検2級	TOEIC 500〜700点
3.5回	英検準1級	TOEIC 700〜800点

Wearing Uniforms

Wearing a uniform / can make you feel controlled. // Kids wear uniforms to school, / waiters wear uniforms to work. // And wearing a uniform can take away / the pressure of decisions / and remove stress and anxiety. //

Wearing a similar outfit daily / can be a uniform too. / Putting on a pair of jeans with a black t-shirt / can be fashionable / and it is a kind of uniform. // People enjoy choosing / to wear a uniform / because it is simple. // It could be a plain gray skirt and white shirt, / as long as it is simple. //

Wearing a uniform means / that the person does not have to think about his clothes / on a specific day. // They wake up, take a shower, brush their teeth / and put on their uniform. // It is easy. //

Some people think / that wearing a uniform can take away from / who you are. // On the other hand, / a uniform can help you / to organize, / to prepare / and to be ready for pretty much anything. //

5分間の音読回数を、48ページの「アルゴリズム音読記録表」に記録してください。これで第5ラウンド1日目の終了です。お疲れさまでした。また明日、10分間の「アルゴリズム音読」で、英語のスキルを伸ばしていきましょう。

1日目と同じトレーニングですが、2日目なので音読できる回数が増えているかもしれませんね。

▶ 5分音読A　まねして音読（リピーティング）　

※詳しい方法は28ページを参照

音声に続いて、発音に注意しながら Wearing Uniforms を音読しましょう。

5分間で目標とする音読回数	現在の英語力レベル	
3.5回	英検準2級	TOEIC 400〜500点
4回	英検2級	TOEIC 500〜700点
4.5回	英検準1級	TOEIC 700〜800点

Wearing Uniforms

Wearing a uniform can ₀make you feel controlled. Kids wear uniforms to school, waiters wear uniforms to work. And wearing a uniform can take away the pressure of decisions and remove stress and anxiety.

Wearing a similar outfit daily can be a uniform too. ₀Putting on a pair of jeans ₀with a black t-shirt can be fashionable and it is a kind of uniform. People enjoy choosing to wear a uniform because it is simple. It could be a plain gray skirt and white shirt, as long as it is simple.

Wearing a uniform means that the person does not have to ₀think about his clothes on a specific day. They wake up, ₀take a shower, brush their teeth and put on their uniform. It is easy.

Some people think that wearing a uniform can take away

from who you are. On the other hand, a uniform can ₆help you to organize, to prepare and to be ready for pretty much anything.

番号と下線のついた箇所は特に発音に注意するポイントです。次の説明にしたがって音読しましょう。

❶ make you

「メイク」「ユー」ではなく、make [méɪk] の [k]「ク」と you [jʊ] の [j]「ユ」の音が重なり、「メイキュー」のような発音になります。

❷ Putting on

「プッティング」「オン」ではなく、Putting [pútɪŋ] の t は弱い「リ」のような音になり、さらに [ŋ]「（鼻から抜けるような）グ」と on [ɔn] の [ɔ]「オ」が重なり、「プリンゴン」のような発音になります。

❸ with a

with [wɪð] の th [θ] の音は「ズ」と発音しがちですが、th [ð] は上と下の前歯の間を少しあけ、その間を舌の先で軽く触れるようにしながら濁った音を出します。後ろの a [ə] の「ə: (弱い) ア」と重なり、「ウィザ」のような発音になります。

❹ think about

think [θíŋk] の th [θ] は日本語の「ス」とは異なり、上記③の th と同じ方法で音を出します。ただ、今回は濁らない音を出すようにしてください。また、「シンク」「アバウト」ではなく、think の [k]「ク」と about [əbáʊt] の [ə]「ア」が重なりますので「シィンカバウト」のような発音になります。

❺ take a

「テイク」「ア」ではなく、take [téɪk] の [k]「ク」と a [ə] の [ə]「ア」が重なり「テイカ」という発音になります。

❻ help you

「ヘルプ」「ユー」ではなく、help [p] の [p]「プ」と you [jʊ] の [j]「ユ」が重なり、「ヘルピュー」という発音になります。

5分間の音読回数を、48ページの「アルゴリズム音読記録表」に記録してください。1日目と比べて、伸びを実感してみましょう。ここで休憩を取りましょう。

▶10〜20分休憩　タイマーのセットを忘れずに！
この間、次ページの**オプションコンテンツ2　文構造・文法解説**で、文法に意識を向けてカタマリごとの意味をしっかりおさえておきましょう。

2日目　休憩時間のオプションコンテンツ

▶ オプションコンテンツ2　文構造・文法解説

取り組み　文法解説は本書で扱う中心的な内容ではありません。しかし、「英語の文構造を意識した語順感覚」を身につけるにあたり、文構造や文法に意識を向けるために簡単に解説しています。「なぜこうした表現になっているのだろう」と気になったら、文法書などで調べてみましょう。なお、本文に登場する文法事項で、関係詞は第8ラウンド4日目のオプションコンテンツで扱っています。

Wearing Uniforms
動名詞（動詞 ～ing）「～すること」

Wearing a uniform can make you **feel controlled**.
動名詞（動詞 ～ing）「～すること」　　　〈feel + C（過去分詞）〉「～されていると感じる」

Kids wear uniforms to school, waiters wear uniforms to work. And **wearing** a uniform can take away the pressure of
動名詞（動詞 ～ing）「～すること」

decisions and remove stress and anxiety.

Wearing a similar outfit daily can be a uniform too.

動名詞（動詞 ～ing）「～すること」

Putting on a pair of jeans with a black t-shirt can be

動名詞（動詞 ～ing）「～すること」

fashionable and it is a kind of uniform.

People enjoy **choosing** to wear a uniform because it is
simple.　　　　　動名詞（動詞 ～ing）「～すること」

It could be a plain gray skirt and white shirt, **as long as** it is
simple.　　　　　　　　　　　　　　　　　　as long as「～である限り」

Wearing a uniform means

動名詞（動詞 ～ing）「～すること」

[that the person **does not have to think** about his clothes on
a specific day.]　〈do not have to + 動詞〉「～しなくてよい」

[ ] は that で始まる名詞節で means の目的語「～すること」

They wake up, take a shower, brush their teeth and put on
their uniform. It is easy.
Some think [that wearing a uniform can take away from
[who you are.]] [ ] は that で始まる名詞節で think の目的語「～すること」

疑問詞 who で始まる名詞節

On the other hand, a uniform can **help you to organize**, **to**

〈help + O + to + 動詞の原形〉「O が～するのを助ける」

prepare and **to be ready for pretty much anything**.

to organize, to prepare, to be ready は強調のためにすべて同じような意味で使われており、
すべて for 以下にかかる

第5ラウンド

| 2日目 | 5分音読 | 2回目 | 月　日 実施　記入しましょう! |

▶ **5分音読 B**　見上げて音読（リード・アンド・ルックアップ）　2回目

※詳しい方法は34ページを参照

　音声は聞きません。スラッシュで区切られたフレーズごとに、Wearing Uniforms の英文を見て頭に入れます。その後本文から目を離し、天井などを見上げながらこのフレーズを口から出しましょう。本からいったん目を離してルックアップする（見上げる）のがポイントで、このとき英文が脳に格納されていきます。

　2回目の今日は、**オプションコンテンツ2　文構造・文法解説**に記した文構造や文法を意識するとより効果が高まります。

5分間で目標とする音読回数	現在の英語力レベル	
3.5回	英検準2級	TOEIC 400〜500点
4回	英検2級	TOEIC 500〜700点
4.5回	英検準1級	TOEIC 700〜800点

Wearing Uniforms

Wearing a uniform / can make you feel controlled. // Kids wear uniforms to school, / waiters wear uniforms to work. // And wearing a uniform can take away / the pressure of decisions / and remove stress and anxiety. //

Wearing a similar outfit daily / can be a uniform too. / Putting on a pair of jeans with a black t-shirt / can be fashionable / and it is a kind of uniform. // People enjoy choosing / to wear a uniform / because it is simple. // It could be a plain gray skirt and white shirt, / as long as it is simple. //

Wearing a uniform means / that the person does not have to think about his clothes / on a specific day. // They wake up, take a shower, brush their teeth / and put on their uniform. // It is easy. //

Some people think / that wearing a uniform can take away from / who you are. // On the other hand, / a uniform can help you / to organize, / to prepare / and to be ready for pretty much anything. //

5分間の音読回数を、48ページの「アルゴリズム音読記録表」に記録してください。これで第5ラウンド2日目の終了です。同じ英文をくり返し読むことで、英文が頭に入ってきているはずです。明日も「アルゴリズム音読」を続けましょう。

3日目　　**5分音読**　　**1回目**　　　**月**　　**日 実施**　記入しましょう！

　今日は、1、2日目とは異なるトレーニングを行います。英語音声を止めることなく、追いかけるように Wearing Uniforms を音読しましょう。それが難しい場合は、再生速度を調整してみましょう。

▶ **5分音読 C**　追っかけ音読（シャドーイング）　**1回目**

※詳しい方法は 37ページを参照

　音声に続いて、発音に注意しながら Wearing Uniforms を音読しましょう。

5分間で目標とする音読回数	現在の英語力レベル	
4回	英検準2級	TOEIC 400〜500点
4.5回	英検2級	TOEIC 500〜700点
5回	英検準1級	TOEIC 700〜800点

再生速度の目安
0.5倍

　追っかけ音読1回目の今日は発音に意識を置き、聞こえてくる音声をできるだけ再現しながら音読することに努めましょう。

Wearing Uniforms

Wearing a uniform can make you feel controlled. Kids wear uniforms to school, waiters wear uniforms to work. And wearing a uniform can take away the pressure of decisions and remove stress and anxiety.

Wearing a similar outfit daily can be a uniform too. Putting on a pair of jeans with a black t-shirt can be fashionable and it is a kind of uniform. People enjoy choosing to wear a uniform because it is simple. It could be a plain gray skirt and white shirt, as long as it is simple.

Wearing a uniform means that the person does not have to think about his clothes on a specific day. They wake up, take a shower, brush their teeth and put on their uniform. It is easy.

Some people think that wearing a uniform can take away from who you are. On the other hand, a uniform can help you to organize, to prepare and to be ready for pretty much anything.

5分間の音読回数を、48ページの「アルゴリズム音読記録表」に記録してください。ここで休憩を取りましょう。

▶10〜20分休憩　タイマーのセットを忘れずに！
この間、次ページの**オプションコンテンツ3　単語ストック**で、単語力を鍛えましょう。

3日目　休憩時間のオプションコンテンツ

▶ **オプションコンテンツ3**　単語ストック

取り組み　1日目の**オプションコンテンツ1B**に出てきた単語を、今日は英文
で覚えましょう。丸暗記ではなく「アルゴリズム音読」の音読A
「まねして音読」、音読B「見上げて音読」、音読D「瞬訳音読」
の各パターンを実践すると、自然と頭に格納されていきます。

☐ Remove that bad smell, please.	その臭いにおいを取り除いてください。
☐ I feel a strong stress.	私は強いストレスを感じる。
☐ I have full of anxiety.	私は不安でいっぱいだ。
☐ Your outfit looks good !	あなたの服いいわね！
☐ He always wears fashionable clothes.	彼はいつも流行の服を着ている。
☐ Plain rice is my favorite.	白米は私の好物だ。
☐ I am happy as long as you are here.	あなたがここにいる限り私は幸せだ。
☐ The sign means that you must stop.	その標示は、止まらなくてはならないという意味だ。
☐ Do not forget to brush your teeth before going to bed.	寝る前に歯を磨くことを忘れないように。

それぞれの音読をしたら☐にチェックマークを入れましょう。

☐**音読 A**	まねして音読（リピーティング）
☐**音読 B**	見上げて音読（リード・アンド・ルックアップ）
☐**音読 D1**	瞬訳音読（英語から日本語への瞬間和訳）
☐**音読 D2**	瞬訳音読（日本語から英語への瞬間英作文）

▶ 5分音読 D1 瞬訳音読（英語から日本語への瞬間和訳） 1回目

※詳しい方法は39ページを参照

　表の右側（日本語）を手で隠し、英語を見て日本語に訳していきましょう。

5分間で目標とする音読回数	現在の英語力レベル	
1.5回	英検準2級	TOEIC 400～500点
2回	英検2級	TOEIC 500～700点
2.5回	英検準1級	TOEIC 700～800点

	英語	日本語
☐	Wearing Uniforms	制服の着用
☐	Wearing a uniform	制服の着用は
☐	can make you feel controlled.	（他人に）管理されていると、あなたに感じさせるかもしれません
☐	Kids wear uniforms to school,	子どもたちは制服を着て学校へ行きます
☐	waiters wear uniforms to work.	ウエイターは制服を着て働きます
☐	And wearing a uniform can take away	そして制服を着ることは～を取り去ることができます
☐	the pressure of decisions	（物事を）決定することのプレッシャーを
☐	and remove stress and anxiety.	そしてストレスと不安を取り除きます
☐	Wearing a similar outfit daily	同じような衣服を毎日着ることは
☐	can be a uniform too.	それも制服になりえます
☐	Putting on a pair of jeans with a black t-shirt	黒いTシャツを着てジーンズをはくことは
☐	can be fashionable	流行になりえます
☐	and it is a kind of uniform.	そして、それは一種の制服です
☐	People enjoy choosing	人々は～を選択することを楽しみます

☐	to wear a uniform	制服を着ることを
☐	because it is simple.	それはシンプルなので
☐	It could be a plain gray skirt and white shirt,	無地のグレーのスカートと白いシャツもありえます
☐	as long as it is simple.	シンプルである限り
☐	Wearing a uniform means	制服を着ることは〜を意味します
☐	that the person does not have to think about his clothes	その人が自分の服について考える必要がないことを
☐	on a specific day.	特定の日に
☐	They wake up, take a shower, brush their teeth	彼らは目を覚まし、シャワーを浴び、歯を磨きます
☐	and put on their uniform.	そして制服を着ます
☐	It is easy.	簡単なことです
☐	Some people think	〜と考える人々がいます
☐	that wearing a uniform can take away from	制服を着ることは〜を奪う可能性がある
☐	who you are.	あなたが誰であるかということ（あなたの個性）を
☐	On the other hand,	一方、
☐	a uniform can help you	制服はあなたの役に立つかもしれません
☐	to organize,	心構えをしていることを
☐	to prepare	用意をしていることを
	and to be ready for pretty much anything.	そして心の準備ができていることを、ほとんどどんなことに対しても

　5分間の音読回数を、48ページの「アルゴリズム音読記録表」に記録してください。これで第5ラウンド3日目が終了、このラウンドのアルゴリズムも75%まで到達しました。明日はこのラウンドの仕上げです。

　いよいよ第5ラウンドの最終日です！　1回目の音読は昨日と同じトレーニングです。

▶ **5分音読 C**　追っかけ音読（シャドーイング）　（2回目）

※詳しい方法は37ページを参照

　音声を追いかけて、Wearing Uniforms を音読しましょう。それが難しい場合には、再生速度を調整してみましょう。

5分間で目標とする音読回数	現在の英語力レベル	
4.5回	英検準2級	TOEIC 400〜500点
5回	英検2級	TOEIC 500〜700点
5.5回	英検準1級	TOEIC 700〜800点

再生速度の目安
0.75倍

　追っかけ音読2回目の今日は英文ストックに意識を置き、一字一句見逃すことなく音読することに努めましょう。

Wearing Uniforms

Wearing a uniform can make you feel controlled. Kids wear uniforms to school, waiters wear uniforms to work. And wearing a uniform can take away the pressure of decisions and remove stress and anxiety.

Wearing a similar outfit daily can be a uniform too. Putting on a pair of jeans with a black t-shirt can be fashionable and it is a kind of uniform. People enjoy choosing to wear a uniform because it is simple. It could be a plain gray skirt and white shirt, as long as it is simple.

Wearing a uniform means that the person does not have to think about his clothes on a specific day. They wake up, take a shower, brush their teeth and put on their uniform. It is easy.

Some people think that wearing a uniform can take away from who you are. On the other hand, a uniform can help you to organize, to prepare and to be ready for pretty much anything.

5分間の音読回数を、48ページの「アルゴリズム音読記録表」に記録してください。ここで休憩を取りましょう。

▶**10〜20分休憩　タイマーのセットを忘れずに！**
この間、次ページの**オプションコンテンツ4　文法事項の強化＋重点ストック**で、このラウンドでターゲットとする文法：動名詞を強化しておきましょう。

▶ **オプションコンテンツ4** 文法事項の強化＋重点ストック

取り組み このラウンドでターゲットとする動名詞を復習・強化しましょう。

▶ **動名詞（動詞 ～ing）の意味：「～すること」**

動名詞は主語や補語として使ったり、動詞や前置詞の目的語として用いたりします。

本文では、主語、および動詞の目的語として用いられている文が記されています。

動名詞が主語にくるパターン

Wearing a uniform can take
動名詞（動詞～ ing）「着ることは」（主語）
away the pressure of decisions.

制服を着ることは、（物事を）決定するというプレッシャーを取り除くことができる。

動名詞が目的語にくるパターン

People enjoy **choosing** to wear
〈enjoy＋動名詞（動詞 ～ing）〉
「選ぶことを楽しむ」（目的語）
a uniform.

人々は制服を着るのを選ぶことを楽しむ。

第5ラウンド

▶ **動名詞を重点ストック！**

　それぞれの文につき、音読 A「まねして音読」、音読 B「見上げて音読」、音読 D「瞬訳音読」の各パターンを試してみましょう。

☐ Uniform is useful.
　　名詞

制服は有益です。

☐ Wearing a uniform is useful.
　　動名詞（主語）

制服を着ることは有益です。

☐ My hobby is baseball.
　　　名詞

私の趣味は野球です。

☐ My hobby is playing baseball.
　　　　　動名詞（補語）

私の趣味は野球をすることです。

☐ They like movies.
　　　名詞

彼らは映画が好きです。

☐ They like watching movies.
　　　　動名詞（動詞 like の目的語）

彼らは映画を見ることが好きです。

☐ Thank you for the water.
　　　　　名詞

水をありがとう。

Thank you for giving me water.
　　　　　動名詞（前置詞 for の目的語）

私に水をくれてありがとう。

　それぞれの音読をしたら☐にチェックマークを入れましょう。

☐音読 A	まねして音読（リピーティング）
☐音読 B	見上げて音読（リード・アンド・ルックアップ）
☐音読 D1	瞬訳音読（英語から日本語への瞬間和訳）
☐音読 D2	瞬訳音読（日本語から英語への瞬間英作文）

▶ 5分音読 D2 瞬訳音読（日本語から英語への瞬間英作文）（1回目）

※詳しい方法は39ページを参照

　ページの左側（英語）を手で隠し、日本語を見て英語に訳していきましょう。

5分間で目標とする音読回数	現在の英語力レベル	
1回	英検準2級	TOEIC 400～500点
1.5回	英検2級	TOEIC 500～700点
2回	英検準1級	TOEIC 700～800点

☐	Wearing Uniforms	制服の着用
☐	Wearing a uniform	制服の着用は
☐	can make you feel controlled.	（他人に）管理されていると、あなたに感じさせるかもしれません
☐	Kids wear uniforms to school,	子どもたちは制服を着て学校へ行きます
☐	waiters wear uniforms to work.	ウエイターは制服を着て働きます
☐	And wearing a uniform can take away	そして制服を着ることは～を取り去ることができます
☐	the pressure of decisions	（物事を）決定することのプレッシャーを
☐	and remove stress and anxiety.	そしてストレスと不安を取り除きます
☐	Wearing a similar outfit daily	同じような衣服を毎日着ることは
☐	can be a uniform too.	それも制服になりえます
☐	Putting on a pair of jeans with a black t-shirt	黒いTシャツを着てジーンズをはくことは
☐	can be fashionable	流行になりえます

☐	and it is a kind of uniform.	そして、それは一種の制服です
☐	People enjoy choosing	人々は〜を選択することを楽しみます
☐	to wear a uniform	制服を着ることを
☐	because it is simple.	それはシンプルなので
☐	It could be a plain gray skirt and white shirt,	無地のグレーのスカートと白いシャツもありえます
☐	as long as it is simple.	シンプルである限り
☐	Wearing a uniform means	制服を着ることは〜を意味します
☐	that the person does not have to think about his clothes	その人が自分の服について考える必要がないことを
☐	on a specific day.	特定の日に
☐	They wake up, take a shower, brush their teeth	彼らは目を覚まし、シャワーを浴び、歯を磨きます
☐	and put on their uniform.	そして制服を着ます
☐	It is easy.	簡単なことです
☐	Some people think	〜と考える人々がいます
☐	that wearing a uniform can take away from	制服を着ることは〜を奪う可能性がある
☐	who you are.	あなたが誰であるかということ（あなたの個性）を
☐	On the other hand,	一方、
☐	a uniform can help you	制服はあなたの役に立つかもしれません
☐	to organize,	心構えをしていることを
☐	to prepare	用意をしていることを
☐	and to be ready for pretty much anything.	そして心の準備ができていることを、ほとんどどんなことに対しても

5分間の音読回数を、48ページの「アルゴリズム音読記録表」に記録してください。これで第5ラウンド終了です。大変お疲れさまでした。明日からは第6ラウンドです。新しい英文を音読していきますので、気持ちをリフレッシュして取り組んでください！

第 6 ラウンド

ターゲットとする文法

不定詞

Hobbies and Pastimes

を音読しよう！

| 1日目 | 5分音読 | 1回目 | 月　日 実施 記入しましょう！|

▶ **5分音読A** まねして音読（リピーティング）　**1回目**

※詳しい方法は28ページを参照

　音声に続いて、発音に注意しながらHobbies and Pastimesを音読しましょう。

5分間で目標とする音読回数	現在の英語力レベル	
3回	英検準2級	TOEIC 400〜500点
3.5回	英検2級	TOEIC 500〜700点
4回	英検準1級	TOEIC 700〜800点

Hobbies and Pastimes

What do people like to do for ₀fun? Many people have "hobbies" that they like to do in their spare time. For example, some like to take long walks ₂in nature. Sometimes they like to run to stay healthy. One favorite pastime of many people is to use new recipes to cook different and ₃exotic dishes for their friends and family. Some people often like to listen to music, too, because it relaxes them. Learning how to fly ₄an airplane might be ₅a good pastime for some people because it ₆is a challenging goal for them to achieve. ₇These are a few examples of hobbies and pastimes that many people like to do.

番号と下線のついた箇所は特に発音に注意するポイントです。次の説明にしたがって音読しましょう。

❶ fun

　fun [fʌ́n] の f [f] の発音は、上の前歯に下唇をそっとあてて空気を出す時に出る音を使います。日本語の「フ」とは別の音です。

❷ in nature

　「イン」「ネイチャー」と別々に発音するのではなく、in と nature それぞれの n「ン」と nature の [éɪ]「エイ」が重なって、「イネイチャー」という発音になります。

❸ exotic

　日本語だと「エキゾチック」と読む語ですが、o「オー」を強く読むことで、[ɪgzɑ́ṭɪk]「イグゾーティック」という発音になります。

❹ an airplane

　an の n「ン」と、airplane [éɚplèɪn] の [é]「エ」が重なり「ネ」の発音になります。「アネアプレーン」のような音になります。

❺ a good

　a はほとんど発音されず、息を吸う程度の音になっています。

❻ is a

　is [ɪz] の [z]「ズ」と、a [ə] の [ə]（弱い）ア」が重なり、「ザ」の発音になります。「イズ・ア」ではなく「イザ」のような発音になります。

❼ These are

　these [ðíːz] の [z]「ズ」と are [ɚ] の [ɚ]「ア」が重なり、「ザー」の発音になります。「ジーザー」のような発音になります。

　5分間の音読回数を、48ページの「アルゴリズム音読記録表」に記録してください。ここで休憩を取りましょう。

▶10〜20分休憩　タイマーのセットを忘れずに！

　この間、次ページの**オプションコンテンツ1A　英文全訳とフレーズ対応訳**で、全体の流れと意味を把握しましょう。次に**オプションコンテンツ1B 単熟語リスト**で、意味のわからない語彙をしっかりおさえておきましょう。

1日目　休憩時間のオプションコンテンツ

　オプションコンテンツに取り組むと「アルゴリズム音読」のパワーが最大限に発揮されます。頭に英文をどんどんストックしていきましょう。

▶ オプションコンテンツ1A　英文全訳とフレーズ対応訳

取り組み　音読した英文全体の意味を確認し、理解と異なる箇所についてはフレーズ対応訳で見直しておきましょう。

全訳

趣味と気晴らし

　人々は楽しみのために何をしたいのでしょう？　多くの人は、余暇に行うことを好む「趣味」を持っています。例えば、自然の中で長い散歩をするのが好きな人がいます。彼らは時々、健康でいるために走ることを好みます。多くの人々のお気に入りである1つの気晴らしは、友人や家族のためにさまざまな、そして異国風の料理を作るために新しいレシピを用いることです。音楽をたびたび聴きたい人もいます、なぜなら音楽を聴くとリラックスするからです。飛行機を操縦する方法を習得することが、よい気晴らしになる人もいるかもしれません。なぜなら、彼らにとって（それを）達成することは、やりがいのある目標だからです。これらは、多くの人々が好む趣味や気晴らしのいくつかの例です。

☐	Hobbies and Pastimes	趣味と気晴らし
☐	What do people like to do for fun?	人々は楽しみのために何をしたいのでしょう？
☐	Many people have "hobbies"	多くの人は、「趣味」を持っています
☐	that they like to do	彼らが行うことを好む
☐	in their spare time.	余暇に
☐	For example,	例えば、
☐	some like to take long walks in nature.	自然の中で長い散歩をするのが好きな人がいます
☐	Sometimes	時々、
☐	they like to run	彼らは走ることを好みます
☐	to stay healthy.	健康でいるために
☐	One favorite pastime of many people	多くの人々のお気に入りである1つの気晴らしは
☐	is to use new recipes	新しいレシピを用いることです
☐	to cook different and exotic dishes	さまざまな、そして異国風の料理を作るために
☐	for their friends and family.	友人や家族のために
☐	Some people often like to listen to music, too,	音楽をたびたび聴きたい人もいます
☐	because it relaxes them.	なぜならそれ（音楽を聴くこと）は彼らをリラックスさせるからです
☐	Learning how to fly an airplane	飛行機を操縦する方法を習得することが
☐	might be a good pastime for some people	よい気晴らしになる人もいるかもしれません

第6
ラウンド

☐	because it is a challenging goal for them to achieve.	なぜなら、彼らにとって（それを）達成することは、やりがいのある目標だからです
☐	These are a few examples of hobbies and pastimes	これらは、趣味や気晴らしのいくつかの例です
☐	that many people like to do.	多くの人々が好む

▶ **オプションコンテンツ1B** **単熟語リスト**

音読していて意味がわからなかったり、あやふやだったりした単語は、ここで確認しておきましょう。これらの単語を頭に入れると、さらに音読の効果が高まります。

☐	pastime	名 気晴らし、娯楽
☐	spare	形 余分の、スペアの
☐	nature	名 自然
☐	favorite	形 お気に入りの
☐	recipe	名 レシピ
☐	exotic	形 異国風の、エキゾチックな
☐	relax	動 ～をくつろがせる、リラックスさせる
☐	might	助動 ～かもしれない
☐	challenging	形 やりがいのある

▶ **5分音読 B** 見上げて音読（リード・アンド・ルックアップ） （1回目）

※詳しい方法は34ページを参照

　音声は聞きません。スラッシュで区切られたフレーズごとに、Hobbies and Pastimesの英文を見て頭に入れます。その後本文から目を離し、天井などを見上げながらこのフレーズを口から出しましょう。本からいったん目を離してルックアップする（見上げる）のがポイントで、このとき英文が脳に格納されていきます。

5分間で目標とする音読回数	現在の英語力レベル	
2.5回	英検準2級	TOEIC 400〜500点
3回	英検2級	TOEIC 500〜700点
3.5回	英検準1級	TOEIC 700〜800点

Hobbies and Pastimes

What do people like to do for fun? // Many people have "hobbies" / that they like to do in their spare time. // For example, / some like to take long walks in nature. // Sometimes / they like to run / to stay healthy. // One favorite pastime of many people / is to use new recipes / to cook different and exotic dishes / for their friends and family. // Some people often like to listen to music, too, / because it relaxes them. // Learning how to fly an airplane / might be a good pastime for some people / because it is a challenging goal for them to achieve. // These are a few examples of hobbies and pastimes / that many people like to do.

　5分間の音読回数を、48ページの「アルゴリズム音読記録表」に記録してください。これで第6ラウンド1日目の終了です。お疲れさまでした。また明日、10分間の「アルゴリズム音読」で、英語のスキルを伸ばしていきましょう。

2日目　　5分音読　　**1回目**　　　月　　日 実施　記入しましょう！

　1日目と同じトレーニングですが、2日目なので音読できる回数が増えているかもしれませんね。

▶ **5分音読A**　まねして音読（リピーティング）　**2回目**

※詳しい方法は28ページを参照

　音声に続いて、発音に注意しながらHobbies and Pastimesを音読しましょう。

5分間で目標とする音読回数	現在の英語力レベル	
3.5回	英検準2級	TOEIC 400〜500点
4回	英検2級	TOEIC 500〜700点
4.5回	英検準1級	TOEIC 700〜800点

Hobbies and Pastimes

What do people like to do for ₀fun? Many people have "hobbies" that they like to do in their spare time. For example, some like to take long walks ₂in nature. Sometimes they like to run to stay healthy. One favorite pastime of many people is to use new recipes to cook different and ₃exotic dishes for their friends and family. Some people often like to listen to music, too, because it relaxes them. Learning how to fly ₄an airplane might be ₅a good pastime for some people because it ₆is a challenging goal for them to achieve. ₇These are a few examples of hobbies and pastimes that many people like to do.

　番号と下線のついた箇所は特に発音に注意するポイントです。次の説明にしたがって音読しましょう。

❶ fun

fun [fʌn] の f [f] の発音は、上の前歯に下唇をそっとあてて空気を出す時に出る音を使います。日本語の「フ」とは別の音です。

❷ in nature

「イン」「ネイチャー」と別々に発音するのではなく、in と nature それぞれの n「ン」と nature の [éɪ]「エイ」が重なって、「イネイチャー」という発音になります。

❸ exotic

日本語だと「エキゾチック」と読む語ですが、o「オー」を強く読むことで、[ɪgzátɪk]「イグゾーティック」という発音になります。

❹ an airplane

an の n「ン」と、airplane [éɚplèɪn] の [é]「エ」が重なり「ネ」の発音になります。「アネアプレーン」のような音になります。

❺ a good

a はほとんど発音されず、息を吸う程度の音になっています。

❻ is a

is [ɪz] の [z]「ズ」と、a [ə] の「ə（弱い）ア」が重なり、「ザ」の発音になります。「イズ・ア」ではなく「イザ」のような発音になります。

❼ These are

these [ðíːz] の [z]「ズ」と are [ɚ] の [ɚ]「ア」が重なり、「ザー」の発音になります。「ジーザー」のような発音になります。

5分間の音読回数を、48ページの「アルゴリズム音読記録表」に記録してください。1日目と比べて、伸びを実感してみましょう。ここで休憩を取りましょう。

▶ **10〜20分休憩　タイマーのセットを忘れずに！**

この間、次ページの**オプションコンテンツ2　文構造・文法解説**で、文法に意識を向けてカタマリごとの意味をしっかりおさえておきましょう。

2日目　休憩時間のオプションコンテンツ

▶ **オプションコンテンツ2**　文構造・文法解説

取り組み　文法解説は本書で扱う中心的な内容ではありません。しかし、「英語の文構造を意識した語順感覚」を身につけるにあたり、文構造や文法に意識を向けるために簡単に解説しています。「なぜこうした表現になっているのだろう」と気になったら、文法書などで調べてみましょう。なお、本文に登場する文法事項のうち、関係詞は第8ラウンド4日目のオプションコンテンツで扱っています。

Hobbies and Pastimes

What do people **like to do** for fun?

〈like＋不定詞 (to＋動詞の原形)〉「〜することが好き」

Many people have ["hobbies"] (that they **like to do** in their spare time.)

関係代名詞 that の先行詞

〈like＋不定詞 (to＋動詞の原形)〉「〜することが好き」

For example, some **like to take** long walks in nature.

〈like＋不定詞 (to＋動詞の原形)〉「〜することが好き」

Sometimes they **like to run** (**to stay** healthy.)

like ＋不定詞　不定詞「〜するために」
「〜することが好き」

One favorite pastime of many people is **to use new recipes**

不定詞「～すること」

to cook different and exotic dishes for their friends and family.

不定詞「～するために」

Some people often **like to listen** to music, too, because it
relax them.　　　　　like＋不定詞「～することが好き」

Learning how to fly an airplane might be a good pastime for

〈動名詞（動詞 ~ing）「～すること」＋ how to ＋動詞の原形「～する方法」〉
→「飛行機を操縦する方法を学ぶこと」

some people

because it is a challenging goal for them (**to achieve**.)

不定詞「～するべき」

These are a few examples of hobbies and pastimes

関係代名詞 that の先行詞

[that many people **like to do**.]

like ＋不定詞「～することが好き」

2日目　　5分音読　　**2回目**　　　　月　　日 実施　記入しましょう！

▶ **5分音読 B**　見上げて音読（リード・アンド・ルックアップ）　

※詳しい方法は34ページを参照

　音声は聞きません。スラッシュで区切られたフレーズごとに、Hobbies and Pastimes の英文を見て頭に入れます。その後本文から目を離し、天井などを見上げながらこのフレーズを口から出しましょう。本からいったん目を離してルックアップする（見上げる）のがポイントで、このとき英文が脳に格納されていきます。

　2回目の今日は、**オプションコンテンツ2　文構造・文法解説**に記した文構造や文法を意識するとより効果が高まります。

5分間で目標とする音読回数	現在の英語力レベル	
3.5回	英検準2級	TOEIC 400～500点
4回	英検2級	TOEIC 500～700点
4.5回	英検準1級	TOEIC 700～800点

Hobbies and Pastimes

What do people like to do for fun? // Many people have
"hobbies" / that they like to do in their spare time. // For
example, / some like to take long walks in nature. // Sometimes /
they like to run / to stay healthy. // One favorite pastime of
many people / is to use new recipes / to cook different and
exotic dishes / for their friends and family. // Some people
often like to listen to music, too, / because it relaxes them. //
Learning how to fly an airplane / might be a good pastime for
some people / because it is a challenging goal for them to
achieve. // These are a few examples of hobbies and pastimes /
that many people like to do.

　5分間の音読回数を、48ページの「アルゴリズム音読記録表」に記録し
てください。これで第6ラウンド2日目の終了です。同じ英文をくり返し
読むことで、英文が頭に入ってきているはずです。明日も「アルゴリズム
音読」を続けましょう。

3日目　　**5分音読**　　**1回目**　　　　**月**　　**日 実施**　記入しましょう！

　今日は、1、2日目とは異なるトレーニングを行います。英語音声を止めることなく、追いかけるように Hobbies and Pastimes を音読しましょう。それが難しい場合は、再生速度を調整してみましょう。

▶ **5分音読 C**　**追っかけ音読（シャドーイング）**　

※詳しい方法は 37 ページを参照

　音声に続いて、発音に注意しながら Hobbies and Pastimes を音読しましょう。

5分間で目標とする音読回数	現在の英語力レベル	
4回	英検準2級	TOEIC 400～500点
4.5回	英検2級	TOEIC 500～700点
5回	英検準1級	TOEIC 700～800点

再生速度の目安
0.5倍

　追っかけ音読1回目の今日は発音に意識を置き、聞こえてくる音声をできるだけ再現しながら音読することに努めましょう。

Hobbies and Pastimes

What do people like to do for fun? Many people have "hobbies" that they like to do in their spare time. For example, some like to take long walks in nature. Sometimes they like to run to stay healthy. One favorite pastime of many people is to use new recipes to cook different and exotic dishes for their friends and family. Some people often like to listen to music, too, because it relaxes them. Learning how to fly an airplane might be a good pastime for some people because it is a challenging goal for them to achieve. These are a few examples of hobbies and pastimes that many people like to do.

　5分間の音読回数を、48ページの「アルゴリズム音読記録表」に記録してください。ここで休憩を取りましょう。

▶10〜20分休憩　タイマーのセットを忘れずに！
　この間、次ページの**オプションコンテンツ3　単語ストック**で、単語力を鍛えましょう。

3日目　休憩時間のオプションコンテンツ

▶ **オプションコンテンツ3**　単語ストック

取り組み　1日目の**オプションコンテンツ1B**に出てきた単語を、今日は英文で覚えましょう。丸暗記ではなく「アルゴリズム音読」の音読A「まねして音読」、音読B「見上げて音読」、音読D「瞬訳音読」の各パターンを実践すると、自然と頭に格納されていきます。

☐	My favorite pastime is shopping.	私のお気に入りの気晴らしは買い物です。
☐	I don't have a spare key to the house.	私は家のスペアキーを持っていない。
☐	This place is full of nature.	ここは自然にあふれている。
☐	What is your favorite food?	あなたのお気に入りの食べ物は何ですか？
☐	My teacher told me the recipe.	私の先生がそのレシピを教えてくれた。
☐	I love listening to exotic music.	私は異国風の音楽を聞くのが好きだ。
☐	A cup of coffee relaxed me.	1杯のコーヒーが私をリラックスさせた。
☐	It might rain tomorrow.	明日、雨が降るかもしれない。
☐	He is trying a challenging job.	彼はやりがいのある仕事に取り組んでいる。

それぞれの音読をしたら□にチェックマークを入れましょう。

☐ **音読A**	まねして音読（リピーティング）
☐ **音読B**	見上げて音読（リード・アンド・ルックアップ）
☐ **音読D1**	瞬訳音読（英語から日本語への瞬間和訳）
☐ **音読D2**	瞬訳音読（日本語から英語への瞬間英作文）

▶ **5分音読 D1** 瞬訳音読（英語から日本語への瞬間和訳）　**1回目**

※詳しい方法は39ページを参照

　表の右側（日本語）を手で隠し、英語を見て日本語に訳していきましょう。

5分間で目標とする音読回数	現在の英語力レベル	
1.5回	英検準2級	TOEIC 400～500点
2回	英検2級	TOEIC 500～700点
2.5回	英検準1級	TOEIC 700～800点

☐	Hobbies and Pastimes	趣味と気晴らし
☐	What do people like to do for fun?	人々は楽しみのために何をしたいのでしょう？
☐	Many people have "hobbies"	多くの人々は「趣味」を持っています
☐	that they like to do	彼らが行うことを好む
☐	in their spare time.	余暇に
☐	For example,	例えば、
☐	some like to take long walks in nature.	自然の中で長い散歩をするのが好きな人がいます
☐	Sometimes	時々、
☐	they like to run	彼らは走ることを好みます
☐	to stay healthy.	健康でいるために
☐	One favorite pastime of many people	多くの人々のお気に入りである1つの気晴らしは
☐	is to use new recipes	新しいレシピを用いることです

☐	to cook different and exotic dishes	さまざまな、そして異国風の料理を作るために
☐	for their friends and family.	友人や家族のために
☐	Some people often like to listen to music, too,	音楽をたびたび聴きたい人もいます
☐	because it relaxes them.	なぜならそれ（音楽を聴くこと）は彼らをリラックスさせるからです
☐	Learning how to fly an airplane	飛行機を操縦する方法を習得することが
☐	might be a good pastime for some people	よい気晴らしになる人もいるかもしれません
☐	because it is a challenging goal for them to achieve.	なぜなら、彼らにとって（それを）達成することはやりがいのある目標だからです
☐	These are a few examples of hobbies and pastimes	これらは、趣味と気晴らしのいくつかの例です
☐	that many people like to do.	多くの人々が好む

　5分間の音読回数を、48ページの「アルゴリズム音読記録表」に記録してください。これで第6ラウンド3日目が終了、このラウンドのアルゴリズムも75％まで到達しました。明日はこのラウンドの仕上げです。

　いよいよ第6ラウンドの最終日です！　1回目の音読は昨日と同じトレーニングです。

▶ **5分音読 C**　追っかけ音読（シャドーイング）　（2回目）

※詳しい方法は37ページを参照

　音声を追いかけて、Hobbies and Pastimes を音読しましょう。それが難しい場合には、再生速度を調整してみましょう。

5分間で目標とする音読回数	現在の英語力レベル	
4.5回	英検準2級	TOEIC 400〜500点
5回	英検2級	TOEIC 500〜700点
5.5回	英検準1級	TOEIC 700〜800点

再生速度の目安
0.75倍

　追っかけ音読2回目の今日は英文ストックに意識を置き、一字一句見逃すことなく音読することに努めましょう。

Hobbies and Pastimes

What do people like to do for fun? Many people have "hobbies" that they like to do in their spare time. For example, some like to take long walks in nature. Sometimes they like to run to stay healthy. One favorite pastime of many people is to use new recipes to cook different and exotic dishes for their friends and family. Some people often like to listen to music, too, because it relaxes them. Learning how to fly an airplane might be a good pastime for some people because it is a challenging goal for them to achieve. These are a few examples of hobbies and pastimes that many people like to do.

5分間の音読回数を、48ページの「アルゴリズム音読記録表」に記録してください。ここで休憩を取りましょう。

▶10〜20分休憩　タイマーのセットを忘れずに！
この間、次ページの**オプションコンテンツ4　文法事項の強化＋重点ストック**で、このラウンドでターゲットとする文法：不定詞を強化しておきましょう。

▶ **オプションコンテンツ4** 　**文法事項の強化＋重点ストック**

取り組み 　このラウンドでターゲットとする不定詞を復習・強化しましょう。

▶ **不定詞（to ＋動詞の原形）の3用法：**
「～すること（名詞用法）」
「～するべき、～するための（形容詞用法）」
「～するために、～した結果、～する（副詞用法）」

　不定詞は上の3用法をおさえておきましょう。本文でも、3つとも扱っています。

名詞用法 「～すること」

What do people like │to do│ for fun?
　　　　　　　　　　　　不定詞（to＋動詞の原形）「～すること」

　動詞 like に不定詞 to do で「～することが好き」となり、文全体では「人々は楽しみのために何をすることが好きですか？」という意味になります。

形容詞用法 「～するべき、～するための」

It is **a challenging goal** for them │to achieve│.
　　　　　　　　　　　　　　　　　　　不定詞（to＋動詞の原形）「～するための」

　不定詞 to achieve は a challenging goal にかかって「～するための目標」となり、この文全体で「彼らにとってそれらは、達成するためにやりがいのある目標です」という意味になります。

不定詞の副詞用法「〜するために」

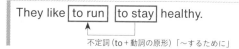

They like to run to stay healthy.

不定詞（to＋動詞の原形）「〜するために」

　不定詞 to stay は like to run にかかって「〜であり続けるために走ることを好む」となり、このフレーズ全体で「彼らは健康でいるために走ることを好みます」という意味になります。

〜のために

to run　　　　　　　　　　to stay healthy

　また、to stay の前にある to run も不定詞であり、「走ること」という名詞用法です。

▶ **不定詞を重点ストック！**

　それぞれの文につき、音読 A「まねして音読」、音読 B「見上げて音読」、音読 D「瞬訳音読」の各パターンを試してみましょう。

☐	They like apples.	彼らはりんごが好きです。
☐	They like to run. 不定詞　名詞用法「〜すること」	彼らは走ることが好きです。
☐	They like to run in the park. 不定詞　名詞用法「〜すること」	彼らは公園を走ることが好きです。

☐　They like to run to stay healthy.

不定詞　　不定詞
名詞用法　副詞用法
「〜すること」「〜するために」

彼らは健康でいるために走ることが好きです。

☐　They like to run in the park to stay

不定詞　　　　　　　　不定詞
名詞用法　　　　　　　副詞用法
「〜すること」　　　　「〜するために」

healthy.

彼らは健康でいるために公園で走ることが好きです。

それぞれの音読をしたら☐にチェックマークを入れましょう。

☐ 音読A	まねして音読（リピーティング）
☐ 音読B	見上げて音読（リード・アンド・ルックアップ）
☐ 音読D1	瞬訳音読（英語から日本語への瞬間和訳）
☐ 音読D2	瞬訳音読（日本語から英語への瞬間英作文）

4日目　5分音読　**2回目**　　月　　日 実施　記入しましょう！

▶ **5分音読 D2** 瞬訳音読（日本語から英語への瞬間英作文）（1回目）

※詳しい方法は39ページを参照

　ページの左側（英語）を手で隠し、日本語を見て英語に訳していきましょう。

5分間で目標とする音読回数	現在の英語力レベル	
1回	英検準2級	TOEIC 400〜500点
1.5回	英検2級	TOEIC 500〜700点
2回	英検準1級	TOEIC 700〜800点

☐	Hobbies and Pastimes	趣味と気晴らし
☐	What do people like to do for fun?	人々は楽しみのために何をしたいのでしょう？
☐	Many people have "hobbies"	多くの人々は「趣味」を持っています
☐	that they like to do	彼らが行うことを好む
☐	in their spare time.	余暇に
☐	For example,	例えば、
☐	some like to take long walks in nature.	自然の中で長い散歩をするのが好きな人がいます
☐	Sometimes	時々、
☐	they like to run	彼らは走ることを好みます
☐	to stay healthy.	健康でいるために
☐	One favorite pastime of many people	多くの人々のお気に入りである1つの気晴らしは
☐	is to use new recipes	新しいレシピを用いることです
☐	to cook different and exotic dishes	さまざまな、そして異国風の料理を作るために

☐	for their friends and family.	友人や家族のために
☐	Some people often like to listen to music, too,	音楽をたびたび聴きたい人もいます
☐	because it relaxes them.	なぜならそれ（音楽を聴くこと）は彼らをリラックスさせるからです
☐	Learning how to fly an airplane	飛行機を操縦する方法を習得することが
☐	might be a good pastime for some people	よい気晴らしになる人もいるかもしれません
☐	because it is a challenging goal for them to achieve.	なぜなら、彼らにとって（それを）達成することはやりがいのある目標だからです
☐	These are a few examples of hobbies and pastimes	これらは、趣味と気晴らしのいくつかの例です
☐	that many people like to do.	多くの人々が好む

　5分間の音読回数を、48ページの「アルゴリズム音読記録表」に記録してください。これで第6ラウンド終了です。大変お疲れさまでした。明日からは第7ラウンドです。新しい英文を音読していきますので、気持ちをリフレッシュして取り組んでください！

─○ 守破離 ○─

　日本における芸事の教えに、「守、破、離」という言葉があります。

　「守」とは、指導者の教えを忠実に守ること、「破」とは、その教えを破り独自の工夫をしてみること、「離」とは指導者の元から離れ、自分の学びを土台として独自に発展させていくことです。型を守り、破→離のステップを踏み、実践する者は「型破り」として崇められます。型を守らず、離に進もうとする者は「型なし」として蔑まれるのです。

　本書では英語学習の「やり方」をお伝えします。その「やり方」は、慣れるまで少し時間がかかるかもしれませんが、突拍子もない方法でもなく、決して難しいものでもありません。ただ、そのやり方を忠実に実行することが大事なのです。

　カレーを作る時、市販のカレールーのパッケージに書いてあるレシピ通りに作る人はどれだけいるでしょうか。それほど多くはないのではないでしょうか。じゃがいもはあまり好きではないから少なめにとか、はちみつを入れると美味しいから入れてみようとか、チョコレートを隠し味に入れてみようなど。

　カレーならこれでよいかもしれませんが、学習の場合は事情が異なります。「守」、つまりまずはレシピ通りにできるようになってから次の段階に進んでください。内容を飛ばしたり、勝手にアレンジしたりしないでください。「型なし」になってしまいます。本書にある通りの手順で「アルゴリズム音読」を愚直に忠実に実践してみてください。かならず英語力が上がります。

　本書では「守」の内容のみをお伝えしています。すべてのトレーニングを終え、違う教材を目指す時、シャドーイングの材料がなかったり、スラッシュ区切りの対訳がなかったりしますので、その時はどうしても「破」という段階に進まなくてはなりません。しかし定期的にまた「守」に戻って、基本を確認するようにしてください。「型」を再確認するということです。

　こうやってアルゴリズム音読を「守」の型どおり8ラウンドやってみて、他の教材を使って「破」を試し、またアルゴリズム音読の方法に戻ってくる。そうやっているうちに、皆さんは必ず自身の4技能すべての伸びを実感できます。ネイティブと話していても相手の言葉が聞き取れるようになってきた。言いたいことが口から出るようになってきた。英語の資料を読んだりして、書きたいこと、書かねばならないこともどんどんできるようになってきた。それでも教材を選んでアルゴリズム音読を続けていくと、ある時、もう市販の教材では自分が求めている内容がなかったり、飽き足らなくなったりしていることに気づくかもしれません。その時こそ、はじめて「離」に進む時期が到来したと言えるのです。

ターゲットとする文法

分詞
（現在分詞／過去分詞）

Homework

を音読しよう！

| 1日目 | 5分音読 | 1回目 | 月 日 実施 記入しましょう！|

▶ **5分音読A** まねして音読（リピーティング） 1回目

音声に続いて、発音に注意しながら Homework を音読しましょう。

5分間で目標とする音読回数	現在の英語力レベル	
3回	英検準2級	TOEIC 400〜500点
3.5回	英検2級	TOEIC 500〜700点
4回	英検準1級	TOEIC 700〜800点

Homework

After he finished his homework for ₀the next day, the boy
₂decided to watch some television. He sat down on the sofa,
but suddenly realized that he forgot to do a writing assignment
given by his homeroom teacher. This ₃made him feel frustrated,
so he quickly ran back to his room ₄located on the second
floor and searched his bag to find the missing assignment. He
began to think seriously about the topic, and at first he ₅was a
bit overwhelmed, then he felt ₆delighted when he ₇thought of
a great topic to write about. Finally, he felt very satisfied when
he completed it. He hurried back to the living room, and the
boy found that the TV channel was changed by his father. He
became bored, so he decided to go back to his room to study
some more.

番号と下線のついた箇所は特に発音に注意するポイントです。次の説明
にしたがって音読しましょう。

❶ the

　the [ðə] は「ザ」と発音しがちですが、[ð] は上と下の前歯の間を少しあけ、
その間を舌の先で軽く触れるようにしながら濁った音を出します。そして [ə]
は「(弱い) ア」を加えた音で、日本語の「ザ」とはすこし異なる音になります。

❷ decided to

　「ディサイディッド」「トゥ」ではなく、decided [dɪsáɪdɪd] の d「ド」と to [tʊ]
「トゥ」が重なり、「ド」の音が消えます。そこで、「ディサイディットゥ」という発
音になります。

❸ made him

　「メイド」「ヒム」ではなく、made [méɪd] の d「ドゥ」と him [hɪm] の「ɪ：
イ」が重なって him [hɪm] の h の音が消え、「メイディム」という音になります。

❹ located on

　「ロケーティッド」「オン」ではありません。まず located [lóʊkeɪtɪd] は o [óʊ]
にアクセントがあるため、「ロウケイティッドゥ」といった発音になります。ま
た、d [d]「ド」と o [ɔ] の「オ」が重なり、「ロウケイティッドン」という音になり
ます。

❺ was a

　「ワズ」「ア」ではなく、was [wəz] の [z]「ズ」と a [ə]「(弱い) ア」が重なり、
「ワザ」という音になります。

❻ delighted

　delight [dɪláɪt] の gh は発音せず、「ディライト」となるため、delighted は
「ディライティド」と読みます。これと同じく、i の後の gh を発音しない例とし
て、night「ナイト (夜)」、eight「エイト (数字の) 8」、right「ライト (右、正
しい)」などがあります。

❼ thought

　thought [θɔ́:t] の gh も発音しません。th の音 [θ] も注意が必要で、「ソー
ト」と発音します。同じように ou に続く gh を発音しない例として、buy「買
う」の過去形である bought「ボート」、fight「戦う」の過去形である fought
などがあります。

5分間の音読回数を、48ページの「アルゴリズム音読記録表」に記録してください。ここで休憩を取りましょう。

▶10〜20分休憩　タイマーのセットを忘れずに！

この間、次ページの**オプションコンテンツ1A　英文全訳とフレーズ対応訳**で、全体の流れと意味を把握しましょう。次に**オプションコンテンツ1B　単熟語リスト**で、意味のわからない語彙をしっかりおさえておきましょう。

1日目　　休憩時間のオプションコンテンツ

オプションコンテンツに取り組むと「アルゴリズム音読」のパワーが最大限に発揮されます。頭に英文をどんどんストックしていきましょう。

▶ オプションコンテンツ1A　英文全訳とフレーズ対応訳

取り組み　音読した英文全体の意味を確認し、理解と異なる箇所についてはフレーズ対応訳で見直しておきましょう。

全訳

宿題

　翌日の宿題を終えた後、少年はテレビを見ることに決めた。彼はソファに座った、しかし突然、担任の先生に与えられたレポート作成の宿題をすることを忘れていたことに気づいた。このことで彼は苛立ちを感じたので、すぐに2階にある部屋に走って戻り、カバンを探して（それまで）見落としている宿題を見つけた。彼はそのテーマについて真剣に考え始めた。最初は少し困惑していた。それから、彼は書くための素晴らしいテーマを考えついた時に喜んだ。とうとう、彼はそれを完成させた時にとても満足した。彼は急いでリビングルームに戻ってきたが、テレビのチャンネルが彼の父親によって変えられていたことがわかった。彼はうんざりしたので、部屋に戻ってもう少し勉強することに決めた。

☐	Homework	宿題
☐	After he finished his homework for the next day,	彼は翌日の宿題を終えた後、
☐	the boy decided	その少年は〜を決めた
☐	to watch some television.	テレビを見ること
☐	He sat down on the sofa,	彼はソファに座った
☐	but suddenly realized	しかし、突然〜に気づいた
☐	that he forgot	彼が〜を忘れたと
☐	to do a writing assignment	レポート作成の宿題をすること
☐	given by his homeroom teacher.	担任の先生に与えられた
☐	This made him feel frustrated,	このことは彼を苛立たせた
☐	so he quickly ran back to his room	なので、彼は自分の部屋にすぐに走って戻った
☐	located on the second floor	2階に位置している
☐	and searched his bag	そして彼のカバンを探した
☐	to find the missing assignment.	すると、(それまで)見落としている宿題が見つかった
☐	He began	彼は〜を始めた
☐	to think seriously about the topic,	テーマについて真剣に考えることを
☐	and at first	そして最初は
☐	he was a bit overwhelmed,	彼は少し困惑していた
☐	then he felt delighted	それから、彼は喜んだ
☐	when he thought of a great topic	彼が素晴らしいテーマを考えついた時
☐	to write about.	書くための

☐	Finally,	とうとう
☐	he felt very satisfied	彼はとても満足した
☐	when he completed it.	彼がそれを完成させた時
☐	He hurried back to the living room,	彼はリビングルームへ急いで戻った
☐	and the boy found	そしてその少年は〜がわかった
☐	that the TV channel was changed	テレビのチャンネルが変えられていたこと
☐	by his father.	彼の父親によって
☐	He became bored,	彼はうんざりした
☐	so he decided	なので、彼は〜を決めた
☐	to go back to his room	彼の部屋へ帰ること
☐	to study some more.	もう少し勉強するために

▶ オプションコンテンツ1B　単熟語リスト

　　音読していて意味がわからなかったり、あやふやだったりした単語
は、ここで意味を確認しておきましょう。これらの単語を頭に入れる
と、さらに音読の効果が高まります。

☐	suddenly	副 突然に、急に
☐	assignment	名 宿題
☐	frustrate	動 〜を苛立たせる、〜に挫折感を起こさせる
☐	overwhelm	動 〜を(精神的に)圧倒する、困惑させる
☐	delight	動 〜を喜ばせる
☐	satisfy	動 〜を満足させる
☐	channel	名 チャンネル

▶ **5分音読 B**　見上げて音読（リード・アンド・ルックアップ）　（1回目）

※詳しい方法は34ページを参照

　　音声は聞きません。スラッシュで区切られたフレーズごとに、Homework の英文を見て頭に入れます。その後本文から目を離し、天井などを見上げながらこのフレーズを口から出しましょう。本からいったん目を離してルックアップする（見上げる）のがポイントで、このとき英文が脳に格納されていきます。

5分間で目標とする音読回数	現在の英語力レベル	
2.5回	英検準2級	TOEIC 400〜500点
3回	英検2級	TOEIC 500〜700点
3.5回	英検準1級	TOEIC 700〜800点

Homework

After he finished his homework for the next day, / the boy decided / to watch some television. // He sat down on the sofa, / but suddenly realized / that he forgot / to do a writing assignment / given by his homeroom teacher. // This made him feel frustrated, / so he quickly ran back to his room / located on the second floor / and searched his bag / to find the missing assignment. // He began / to think seriously about the topic, / and at first / he was a bit overwhelmed, / then he felt delighted / when he thought of a great topic / to write about. // Finally, / he felt very satisfied / when he completed it. // He hurried back to the living room, / and the boy found / that the TV channel was changed / by his father. // He became bored, / so he decided / to go back to his room / to study some more. //

5分間の音読回数を、48ページの「アルゴリズム音読記録表」に記録してください。これで第7ラウンド1日目の終了です。お疲れさまでした。また明日、10分間の「アルゴリズム音読」で、英語のスキルを伸ばしていきましょう。

2日目　　5分音読　　1回目　　　　月　　日 実施　記入しましょう!

1日目と同じトレーニングですが、2日目なので音読できる回数が増えているかもしれませんね。

▶ **5分音読A　まねして音読（リピーティング）（2回目）**

※詳しい方法は28ページを参照

音声に続いて、発音に注意しながら Homework を音読しましょう。

5分間で目標とする音読回数	現在の英語力レベル	
3.5回	英検準2級	TOEIC 400〜500点
4回	英検2級	TOEIC 500〜700点
4.5回	英検準1級	TOEIC 700〜800点

Homework

After he finished his homework for ₁the next day, the boy ₂decided to watch some television. He sat down on the sofa, but suddenly realized that he forgot to do a writing assignment given by his homeroom teacher. This ₃made him feel frustrated, so he quickly ran back to his room ₄located on the second floor and searched his bag to find the missing assignment. He began to think seriously about the topic, and at first he ₅was a bit overwhelmed, then he felt ₆delighted when he ₇thought of a great topic to write about. Finally, he felt very satisfied when he completed it. He hurried back to the living room, and the boy found that the TV channel was changed by his father. He became bored, so he decided to go back to his room to study some more.

　番号と下線のついた箇所は特に発音に注意するポイントです。次の説明にしたがって音読しましょう。

❶ the
　the [ðə] は「ザ」と発音しがちですが、[ð] は上と下の前歯の間を少しあけ、その間を舌の先で軽く触れるようにしながら濁った音を出します。そして [ə] は「(弱い) ア」を加えた音で、日本語の「ザ」とはすこし異なる音になります。

❷ decided to
　「ディサイディッド」「トゥ」ではなく、decided [dɪsáɪdɪd] の d「ド」と to [tʊ]「トゥ」が重なり、「ド」の音が消えます。そこで、「ディサイディットゥ」という発音になります。

❸ made him
　「メイド」「ヒム」ではなく、made [méɪd] の d「ドゥ」と him [hɪm] の「ɪ：イ」が重なって him [hɪm] の h の音が消え、「メイディム」という音になります。

❹ located on
　「ロケーティッド」「オン」ではありません。まず located [lóʊkeɪtɪd] は o [óʊ] にアクセントがあるため、「ロウケイティッドゥ」といった発音になります。また、d [d]「ド」と o [ɑ] の「オ」が重なり、「ロウケイティッドン」という音になります。

❺ was a
　「ワズ」「ア」ではなく、was [wəz] の [z]「ズ」と a [ə]「(弱い) ア」が重なり、「ワザ」という音になります。

❻ delighted
　delight [dɪláɪt] の gh は発音せず、「ディライト」となるため、delighted は「ディライティド」と読みます。これと同じく、i の後の gh を発音しない例として、night「ナイト (夜)」、eight「エイト (数字の) 8」、right「ライト (右、正しい)」などがあります。

第7
ラウンド

❼ thought

　thought [θɔːt] の gh も発音しません。th の音 [θ] も注意が必要で、「ソート」と発音します。同じように ou に続く gh を発音しない例として、buy「買う」の過去形である bought「ボート」、fight「戦う」の過去形である fought などがあります。

　5分間の音読回数を、48ページの「アルゴリズム音読記録表」に記録してください。1日目と比べて、伸びを実感してみましょう。ここで休憩を取りましょう。

▶10〜20分休憩　タイマーのセットを忘れずに！

　この間、次ページの**オプションコンテンツ2　文構造・文法解説**で、文法に意識を向けてカタマリごとの意味をしっかりおさえておきましょう。

2日目　　休憩時間のオプションコンテンツ

▶　オプションコンテンツ2　文構造・文法解説

取り組み　文法解説は本書で扱う中心的な内容ではありません。しかし、「英語の文構造を意識した語順感覚」を身につけるにあたり、文構造や文法に意識を向けるために簡単に解説しています。「なぜこうした表現になっているのだろう」と気になったら、文法書などで調べてみましょう。なお、本文に登場する文法事項のうち、不定詞は第6ラウンド、受動態は第2ラウンドのそれぞれ4日目のオプションコンテンツで扱っています。適宜復習しましょう。

Homework

After he finished his homework for the next day,
the boy **decided to watch** some television.

decide ＋不定詞「～することを決める」

He sat down on the sofa, but suddenly realized
[that he forgot to do a writing assignment (**given** by his
homeroom teacher.)]

過去分詞「～された」

This made him **feel frustrated**,

〈feel＋C（過去分詞）〉「～されていると感じる」

so he quickly ran back to his room (**located** on the second
floor) and

過去分詞「～されている」

searched his bag (**to find** the **missing** assignment.)

結果を表す不定詞「～した結果、～する」　　現在分詞「～している」

He **began to think** seriously about the topic,

〈begin＋不定詞（to＋動詞の原形）〉「～することを始める」

and at first he **was** a bit **overwhelmed**,

受動態〈be動詞＋過去分詞〉

then he **felt delighted**

〈feel＋C（過去分詞）〉「～されていると感じる」

when he thought of a great topic (**to write** about.)

不定詞「〜するための」

Finally, he **felt** very **satisfied** when he completed it.

feel＋補語（過去分詞）「〜されていると感じる」

He hurried back to the living room, and the boy found
[that the TV channel **was changed** by his father.]

[　] は that で始まる名詞節で found の目的語「〜すること」

受動態〈be 動詞＋過去分詞〉

He became bored, so he decided to go back to his room

decide ＋不定詞
「〜することを決める」

(**to study** some more.)

不定詞「〜するために」

2日目　　5分音読　　2回目　　　　月　　日 実施　記入しましょう！

▶ 5分音読 B　見上げて音読 （リード・アンド・ルックアップ）　2回目

※詳しい方法は34ページを参照

　音声は聞きません。スラッシュで区切られたフレーズごとに、Home-
work の英文を見て頭に入れます。その後本文から目を離し、天井など
を見上げながらこのフレーズを口から出しましょう。本からいったん
目を離してルックアップする（見上げる）のがポイントで、このとき英文
が脳に格納されていきます。
　2回目の今日は、**オプションコンテンツ2　文構造・文法解説**に記し
た文構造や文法を意識するとより効果が高まります。

Homework

After he finished his homework for the next day, / the boy decided / to watch some television. // He sat down on the sofa, / but suddenly realized / that he forgot / to do a writing assignment / given by his homeroom teacher. // This made him feel frustrated, / so he quickly ran back to his room / located on the second floor / and searched his bag / to find the missing assignment. // He began / to think seriously about the topic, / and at first / he was a bit overwhelmed, / then he felt delighted / when he thought of a great topic / to write about. // Finally, / he felt very satisfied / when he completed it. // He hurried back to the living room, / and the boy found / that the TV channel was changed / by his father. // He became bored, / so he decided / to go back to his room / to study some more. //

　5分間の音読回数を、48ページの「アルゴリズム音読記録表」に記録してください。これで第7ラウンド2日目の終了です。同じ英文をくり返し読むことで、英文が頭に入ってきているはずです。明日も「アルゴリズム音読」を続けましょう。

3日目　　**5分音読**　　**1回目**　　　　月　　日 実施　記入しましょう！

　今日は、1、2日目とは異なるトレーニングを行います。英語音声を止めることなく、追いかけるように Homework を音読しましょう。それが難しい場合は、再生速度を調整してみましょう。

▶ **5分音読 C**　追っかけ音読（シャドーイング）　（1回目）

※詳しい方法は 37ページを参照

　音声に続いて、発音に注意しながら Homework を音読しましょう。

5分間で目標とする音読回数	現在の英語力レベル	
4回	英検準2級	TOEIC 400〜500点
4.5回	英検2級	TOEIC 500〜700点
5回	英検準1級	TOEIC 700〜800点

再生速度の目安
0.5倍

　追っかけ音読1回目の今日は発音に意識を置き、聞こえてくる音声をできるだけ再現しながら音読することに努めましょう。

Homework

After he finished his homework for the next day, the boy decided to watch some television. He sat down on the sofa, but suddenly realized that he forgot to do a writing assignment given by his homeroom teacher. This made him feel frustrated, so he quickly ran back to his room located on the second floor and searched his bag to find the missing assignment. He began to think seriously about the topic, and at first he was a bit overwhelmed, then he felt delighted when he thought of a great topic to write about. Finally, he felt very satisfied when he completed it. He hurried back to the living room, and the boy found that the TV channel was changed by his father. He became bored, so he decided to go back to his room to study some more.

　５分間の音読回数を、48ページの「アルゴリズム音読記録表」に記録してください。ここで休憩を取りましょう。

▶10〜20分休憩　タイマーのセットを忘れずに！
　この間、次ページの**オプションコンテンツ3　単語ストック**で、単語力を鍛えましょう。

3日目　休憩時間のオプションコンテンツ

▶ **オプションコンテンツ3**　単語ストック

取り組み　1日目の**オプションコンテンツ1B**に出てきた単語を、今日は英文で覚えましょう。丸暗記ではなく「アルゴリズム音読」の音読A「まねして音読」、音読B「見上げて音読」、音読D「瞬訳音読」の各パターンを実践すると、自然と頭に格納されていきます。

☐	The ghost appeared suddenly.	幽霊が急に現れた。
☐	He forgot to do an assignment.	彼は宿題をするのを忘れた。
☐	I didn't mean to frustrate you.	あなたを苛立たせるつもりはなかったんです。
☐	The country overwhelmed the enemy.	その国は敵を圧倒した。
☐	The singer delighted the audience.	その歌手は聴衆を喜ばせた。
☐	Her mother satisfied her appetite.	彼女の母親は彼女の食欲を満たした。
☐	He recorded a program on that channel.	彼はそのチャンネルの番組を録画した。

それぞれの音読をしたら☐にチェックマークを入れましょう。

☐**音読 A**	まねして音読（リピーティング）
☐**音読 B**	見上げて音読（リード・アンド・ルックアップ）
☐**音読 D1**	瞬訳音読（英語から日本語への瞬間和訳）
☐**音読 D2**	瞬訳音読（日本語から英語への瞬間英作文）

▶ 5分音読 D1 瞬訳音読（英語から日本語への瞬間和訳） 1回目

※詳しい方法は39ページを参照

　表の右側（日本語）を手で隠し、英語を見て日本語に訳していきましょう。

5分間で目標とする音読回数	現在の英語力レベル	
1.5回	英検準2級	TOEIC 400〜500点
2回	英検2級	TOEIC 500〜700点
2.5回	英検準1級	TOEIC 700〜800点

☐	Homework	宿題
☐	After he finished his homework for the next day,	彼は翌日の宿題をし終えた後、
☐	the boy decided	その少年は〜を決めた
☐	to watch some television.	テレビを見ること
☐	He sat down on the sofa,	彼はソファに座った
☐	but suddenly realized	しかし、突然〜に気づいた
☐	that he forgot	彼が〜を忘れたと
☐	to do a writing assignment	レポート作成の宿題をすること
☐	given by his homeroom teacher.	担任の先生に与えられた
☐	This made him feel frustrated,	このことは彼を苛立たせた
☐	so he quickly ran back to his room	なので、彼は自分の部屋にすぐに走って戻った
☐	located on the second floor	2階に位置している
☐	and searched his bag	そして彼のカバンを探した
☐	to find the missing assignment.	すると、（それまで）見落としている宿題が見つかった

☐	He began	彼は〜を始めた
☐	to think seriously about the topic,	テーマについて真剣に考えることを
☐	and at first	そして最初は
☐	he was a bit overwhelmed,	彼は少し困惑していた
☐	then he felt delighted	それから、彼は喜んだ
☐	when he thought of a great topic	彼が素晴らしいテーマを考えついた時
☐	to write about.	書くための
☐	Finally,	とうとう
☐	he felt very satisfied	彼はとても満足した
☐	when he completed it.	彼がそれを完成させた時
☐	He hurried back to the living room,	彼はリビングルームへ急いで戻った
☐	and the boy found	そしてその少年は〜がわかった
☐	that the TV channel was changed	テレビのチャンネルが変えられていたこと
☐	by his father.	彼の父親によって
☐	He became bored,	彼はうんざりした
☐	so he decided	なので、彼は〜を決めた
☐	to go back to his room	彼の部屋へ帰ること
☐	to study some more.	もう少し勉強するために

　5分間の音読回数を、48ページの「アルゴリズム音読記録表」に記録してください。これで第7ラウンド3日目が終了、このラウンドのアルゴリズムも75%まで到達しました。明日はこのラウンドの仕上げです。

　いよいよ第7ラウンドの最終日です！　1回目の音読は昨日と同じトレーニングです。

▶ **5分音読 C**　追っかけ音読（シャドーイング）　（2回目）

※詳しい方法は37ページを参照

　音声を追いかけて、Homework を音読しましょう。それが難しい場合には、再生速度を調整してみましょう。

5分間で目標とする音読回数	現在の英語力レベル	
4.5回	英検準2級	TOEIC 400〜500点
5回	英検2級	TOEIC 500〜700点
5.5回	英検準1級	TOEIC 700〜800点

再生速度の目安
0.75倍

　追っかけ音読2回目の今日は英文ストックに意識を置き、一字一句見逃すことなく音読することに努めましょう。

Homework

After he finished his homework for the next day, the boy decided to watch some television. He sat down on the sofa, but suddenly realized that he forgot to do a writing assignment given by his homeroom teacher. This made him feel frustrated, so he quickly ran back to his room located on the second floor and searched his bag to find the missing assignment. He began to think seriously about the topic, and at first he was a bit overwhelmed, then he felt delighted when he thought of a great topic to write about. Finally, he felt very satisfied when he completed it. He hurried back to the living room, and the boy found that the TV channel was changed by his father. He became bored, so he decided to go back to his room to study some more.

　5分間の音読回数を、48ページの「アルゴリズム音読記録表」に記録してください。ここで休憩を取りましょう。

▶**10〜20分休憩　タイマーのセットを忘れずに！**
　この間、次ページの**オプションコンテンツ4　文法事項の強化＋重点ストック**で、このラウンドでターゲットとする文法：分詞 (現在分詞／過去分詞) を強化しておきましょう。

▶ **オプションコンテンツ 4** 文法事項の強化 + 重点ストック

取り組み このラウンドでターゲットとする分詞（現在分詞／過去分詞）を
復習・強化しましょう。

▶ **分詞の意味：「〜している」、「〜された、されている」**

名詞の前や後ろに置いて名詞を修飾する。

現在分詞（動詞 〜ing）「〜している」

　この文のように分詞を一語だけで使う場合は前から名詞を修飾しま
すが、分詞の後ろにフレーズが続く場合は、後ろから名詞を修飾しま
す。現在分詞も過去分詞も同様。

過去分詞「〜された、されている」

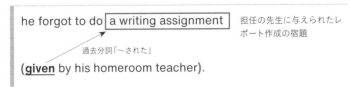

▶ 分詞を重点ストック！

それぞれの文につき、音読 A「まねして音読」、音読 B「見上げて音読」、音読 D「瞬訳音読」の各パターンを試してみましょう。

□ searched his bag to find the missing assignment 現在分詞「〜している」	カバンを探して、(それまで)見落としている宿題を見つけた
□ he forgot to do a writing assignment given by his homeroom teacher 過去分詞「〜された」	彼は、担任の先生から与えられた宿題をするのを忘れていた
□ Look at the boy.	その少年を見て。
□ Look at the sleeping boy. 現在分詞「〜している」	その眠っている少年を見て。
□ Look at the boy sleeping in the garden. 現在分詞「〜している」	庭で眠っているその少年を見て。
□ I like chicken.	私は鶏肉が好きだ。
□ I like fried chicken. 過去分詞「〜された」	私はフライされた鶏肉が好きだ。
□ I like chicken fried by my mother. 過去分詞：「〜された」	私は母によってフライされた鶏肉が好きだ。

それぞれの音読をしたら□にチェックマークを入れましょう。

□ 音読 A	まねして音読（リピーティング）
□ 音読 B	見上げて音読（リード・アンド・ルックアップ）
□ 音読 D1	瞬訳音読（英語から日本語への瞬間和訳）
□ 音読 D2	瞬訳音読（日本語から英語への瞬間英作文）

▶ **5分音読 D2** **瞬訳音読（日本語から英語への瞬間英作文）** （1回目）

※詳しい方法は39ページを参照

　ページの左側（英語）を手で隠し、日本語を見て英語に訳していきましょう。

5分間で目標とする音読回数	現在の英語力レベル	
1回	英検準2級	TOEIC 400〜500点
1.5回	英検2級	TOEIC 500〜700点
2回	英検準1級	TOEIC 700〜800点

☐	Homework	宿題
☐	After he finished his homework for the next day,	彼は翌日の宿題をし終えた後、
☐	the boy decided	その少年は〜を決めた
☐	to watch some television.	テレビを見ること
☐	He sat down on the sofa,	彼はソファに座った
☐	but suddenly realized	しかし、突然〜に気づいた
☐	that he forgot	彼が〜を忘れたと
☐	to do a writing assignment	レポート作成の宿題をすること
☐	given by his homeroom teacher.	担任の先生に与えられた
☐	This made him feel frustrated,	このことは彼を苛立たせた
☐	so he quickly ran back to his room	なので、彼は自分の部屋にすぐに走って戻った
☐	located on the second floor	2階に位置している
☐	and searched his bag	そして彼のカバンを探した

☐	to find the missing assignment.	すると、(それまで)見落としている宿題が見つかった
☐	He began	彼は〜を始めた
☐	to think seriously about the topic,	テーマについて真剣に考えることを
☐	and at first	そして最初は
☐	he was a bit overwhelmed,	彼は少し困惑していた
☐	then he felt delighted	それから、彼は喜んだ
☐	when he thought of a great topic	彼が素晴らしいテーマを考えついた時
☐	to write about.	書くための
☐	Finally,	とうとう
☐	he felt very satisfied	彼はとても満足した
☐	when he completed it.	彼がそれを完成させた時
☐	He hurried back to the living room,	彼はリビングルームへ急いで戻った
☐	and the boy found	そしてその少年は〜がわかった
☐	that the TV channel was changed	テレビのチャンネルが変えられていたこと
☐	by his father.	彼の父親によって
☐	He became bored,	彼はうんざりした
☐	so he decided	なので、彼は〜を決めた
☐	to go back to his room	彼の部屋へ帰ること
☐	to study some more.	もう少し勉強するために

　５分間の音読回数を、48ページの「アルゴリズム音読記録表」に記録してください。これで第７ラウンド終了です。大変お疲れさまでした。明日からはいよいよ最終、第８ラウンドです。新しい英文を音読していきますので、気持ちをリフレッシュして取り組んでください！

第 8 ラウンド

関係詞
（関係代名詞・関係副詞）

Road Trip in U.S.

を音読しよう！

▶ **5分音読A** まねして音読（リピーティング） 　1回目

※詳しい方法は28ページを参照

　音声に続いて、発音に注意しながら Road Trip in U.S. を音読しましょう。

5分間で目標とする音読回数	現在の英語力レベル	
3回	英検準2級	TOEIC 400〜500点
3.5回	英検2級	TOEIC 500〜700点
4回	英検準1級	TOEIC 700〜800点

Road Trip in U.S.

○1 <u>What's your</u> favorite ○2 <u>thing</u> to do? I like to go to places where I have never been before. When I ○3 <u>was a</u> child, I remember going ○4 <u>on a</u> vacation by car that lasted for nearly a month! My father whose car was brand new then, was able to ○5 <u>take a</u> month off work because he is a university professor. He wanted us to see as much of America as we could while driving from New York to ○6 <u>California</u>. My mom prepared our ○7 <u>favorite</u> snacks that we enjoyed eating in the car. The best part of the trip was when we visited historic places that I had only ever ○8 <u>read about</u>. I learned about famous U.S. Presidents who I'd studied in school. I'll never forget this wonderful trip that was so much fun. It is my precious memory which I'll always cherish and love.

❶ What's your

「ワッツ」「ユア」ではなく、What's [wʌ́ts] の [ts]「ツ」と your [jɚ] の [j] 「ユ」が重なり、「ワッツュア」という発音となります。

❷ thing

thing [θíŋ] の th [θ] の音は「シ」と発音しがちですが、th [θ] は上と下の前歯の間を少しあけ、その間を舌の先で軽く触れるようにしながら濁らない音を出します。

❸ was a

「ワズ」「ア」ではなく、was [wəz] の [z]「ズ」と a [ə] の [ə]「(弱い) ア」が重なり、「ワズァ」という発音になります。

❹ on a

「オン」「ア」ではなく、on [ɔn] の [n]「ン」と a [ə] の [ə]「(弱い) ア」が重なり、「オナ」という発音になります。

❺ take a

「テイク」「ア」ではなく、take [teɪk] の [k]「ク」と a [ə] の [ə]「(弱い) ア」が重なり、「テイカ」という発音になります。

❻ California

発音記号表記は [kæ̀ləfɔ́ːɹnjə] です。[æ] は唇で「エ」を発音するような形にしつつ弱く「ア」と発音します。l [l] の音は、舌の先を上の歯の付け根にしっかりとくっつけて発音します。f [f] は上の歯を下唇に軽く当て、濁らない音「フ」と発音し、この単語の第1アクセントがある音節なので強め、そして長めに発音します。「カリフォルニア」という平坦な発音ではなく、「キャリフォールニア」という音に近くなります。

❼ favorite

「フェボライト」、「ファボリテ」ではありません。発音記号表記は [féɪv(ə)rət] ですので、f は上の歯を下唇に軽く当て、濁らない音で「フ」と発音し、[éɪ] は「エイ」、v は上の歯を下唇に軽く当て、濁った音で「ヴ」と発音、r は口の中で舌はどこにも触れずに発音します。最後の [ət] は「(弱い) ア」に、「ト」ではなくて母音のない t で発音。「フェイバリットゥ」という発音になります。

❽ read about

read [réd] は文脈上、過去分詞形なので、「リード」ではなく、「レッド」です。また、r は口の中で舌はどこにも触れずに発音します。また r から始まる単語を発音する場合、少し口をすぼめて発音し始めると英語らしい発音となりま

すので、「ゥレッド」、そして read の [d]「ド」と about [əbáʊt] の [ə]「ア」が重なり、「ゥレッダバウト」という発音になります。

5分間の音読回数を、48ページの「アルゴリズム音読記録表」に記録してください。ここで休憩を取りましょう。

▶10〜20分休憩　タイマーのセットを忘れずに！

この間、次ページの**オプションコンテンツ1A　英文全訳とフレーズ対応訳**で、全体の流れと意味を把握しましょう。次に**オプションコンテンツ1B　単熟語リスト**で、意味のわからない語彙をしっかりおさえておきましょう。

1日目　　休憩時間のオプションコンテンツ

オプションコンテンツに取り組むと「アルゴリズム音読」のパワーが最大限に発揮されます。頭に英文をどんどんストックしていきましょう。

▶ オプションコンテンツ1A　英文全訳とフレーズ対応訳

取り組み　音読した英文全体の意味を確認し、理解と異なる箇所についてはフレーズ対応訳で見直しておきましょう。

全訳

アメリカでの車の長期旅行

あなたのお気に入りのことは何ですか？　私は今まで行ったことがない場所に行くのが好きです。私が子どもだった時、ほぼ1ヵ月にわたって、車で休暇に出かけたことを覚えています。当時、父の車は真新しい新車で、父は大学の教授であるために1ヵ月の休みをとることができました。父は、ニューヨークからカリフォルニアまでのドライブの間、私たちにできるだけ多くアメリカを見てほしいと思っていました。母は私たちが車の中で楽しく食べる、お気に入りの軽食を用意してくれました。この旅の一番よ

かったのは、私が今まで本で読んだことしかない歴史的に有名な場所を訪れた時です。私は学校で勉強した有名なアメリカ大統領の人たちについて学びました。とても楽しかったこの素晴らしい旅行を決して忘れることはありません。私がいつも大切にし、愛していく貴重な思い出です。

フレーズ対応訳

☐	Road Trip in U.S.	アメリカでの車の長期旅行
☐	What's your favorite thing to do?	あなたのお気に入りのことは何ですか？
☐	I like to go to places	私は行くのが好きです
☐	where I have never been before.	今まで行ったことがない場所に
☐	When I was a child,	私が子どもだった時、
☐	I remember going on a vacation by car	車で休暇に出かけたことを覚えています
☐	that lasted for nearly a month!	ほぼ1ヵ月続く
☐	My father	父は
☐	whose car was brand new then,	その車は真新しい新車で、
☐	was able to take a month off work	1ヵ月の休みをとることができました
☐	because he is a university professor.	大学の教授であるために
☐	He wanted us	父は、私たちに〜と思っていました。
☐	to see as much of America as we could	できるだけ多くアメリカを見てほしいと
☐	while driving from New York to California.	ニューヨークからカリフォルニアまでのドライブの間、
☐	My mom prepared our favorite snacks	母はお気に入りの軽食を用意してくれました
☐	that we enjoyed eating	私たちが楽しく食べる

☐	in the car.	車の中で
☐	The best part of the trip was	この旅の一番よかったのは、
☐	when we visited historic places	歴史的に有名な場所を訪れた時です。
☐	that I had only ever read about.	私が今まで本で読んだことしかない
☐	I learned about famous U.S. Presidents	私は有名なアメリカ大統領の人たちについて学びました
☐	who I'd studied in school.	学校で勉強した
☐	I'll never forget this wonderful trip	この素晴らしい旅行を決して忘れることはありません
☐	that was so much fun.	とても楽しかった
☐	It is my precious memory	貴重な思い出です
☐	which I'll always cherish and love.	私がいつも大切にし、愛していく

▶ **オプションコンテンツ1B** 単熟語リスト

音読していて意味がわからなかったり、あやふやだったりした単語は、ここで意味を確認しておきましょう。これらの単語を頭に入れると、さらに音読の効果が高まります。

☐	road trip	車でする長旅
☐	favorite	形 大のお気に入りの
☐	last	動 (時間的に) 長く続く
☐	nearly	副 ほぼ、ほとんど
☐	brand new	形 真新しい、新品の
☐	prepare	動 ～を準備する
☐	historic	形 歴史的に有名な

□	precious	形 貴重な、高価な
□	cherish	形 〜を大切にする、かわいがる、心に抱く

▶ **5分音読 B**　見上げて音読（リード・アンド・ルックアップ）　（1回目）

※詳しい方法は34ページを参照

　音声は聞きません。スラッシュで区切られたフレーズごとに、Road Trip in U.S. の英文を見て頭に入れます。その後本文から目を離し、天井などを見上げながらこのフレーズを口から出しましょう。本からいったん目を離してルックアップする（見上げる）のがポイントで、このとき英文が脳に格納されていきます。

5分間で目標とする音読回数	現在の英語力レベル	
2.5回	英検準2級	TOEIC 400〜500点
3回	英検2級	TOEIC 500〜700点
3.5回	英検準1級	TOEIC 700〜800点

Road Trip in U.S.

What's your favorite thing to do? // I like to go to places / where I have never been before. // When I was a child, / I remember going on a vacation by car / that lasted for nearly a month! // My father / whose car was brand new then, / was able to take a month off work / because he is a university professor. // He wanted us / to see as much of America as we could / while driving from New York to California. // My mom prepared our favorite snacks / that we enjoyed eating / in the car. / The best part of the trip was / when we visited historic places / that I had only ever read about. // I learned about famous U.S. Presidents / who I'd studied in school. // I'll never forget this wonderful trip / that was so much fun. // It is my precious memory / which I'll always cherish and love. //

5分間の音読回数を、48ページの「アルゴリズム音読記録表」に記録してください。これで第8ラウンド1日目の終了です。お疲れさまでした。また明日、10分間の「アルゴリズム音読」で、英語のスキルを伸ばしていきましょう。

　1日目と同じトレーニングですが、2日目なので音読できる回数が増えているかもしれませんね。

▶ **5分音読A**　まねして音読（リピーティング）　（**2回目**）

※詳しい方法は28ページを参照

　音声に続いて、発音に注意しながら Road Trip in U.S. を音読しましょう。

5分間で目標とする音読回数	現在の英語力レベル	
3.5回	英検準2級	TOEIC 400〜500点
4回	英検2級	TOEIC 500〜700点
4.5回	英検準1級	TOEIC 700〜800点

Road Trip in U.S.

₁What's your favorite ₂thing to do? I like to go to places where I have never been before. When I ₃was a child, I remember going ₄on a vacation by car that lasted for nearly a month! My father whose car was brand new then, was able to ₅take a month off work because he is a university professor. He wanted us to see as much of America as we could while driving from New York to ₆California. My mom prepared our ₇favorite snacks that we enjoyed eating in the car. The best part of the trip was when we visited historic places that I had only ever ₈read about. I learned about famous U.S. Presidents who I'd studied in school. I'll never forget this wonderful trip that was so much fun. It is my precious memory which I'll always cherish and love.

番号と下線のついた箇所は特に発音に注意するポイントです。次の説明にしたがって音読しましょう。

❶ What's your

「ワッツ」「ユア」ではなく、What's [wáts] の [ts]「ツ」と your [jəʳ] の [j]「ユ」が重なり、「ワッツユア」という発音となります。

❷ thing

thing [θíŋ] の th [θ] の音は「シ」と発音しがちですが、th [θ] は上と下の前歯の間を少しあけ、その間を舌の先で軽く触れるようにしながら濁らない音を出します。

❸ was a

「ワズ」「ア」ではなく、was [wəz] の [z]「ズ」と a [ə] の [ə]「(弱い) ア」が重なり、「ワズァ」という発音になります。

❹ on a

「オン」「ア」ではなく、on [ɔn] の [n]「ン」と a [ə] の [ə]「(弱い) ア」が重なり、「オナ」という発音になります。

❺ take a

「テイク」「ア」ではなく、take [teɪk] の [k]「ク」と a [ə] の [ə]「(弱い) ア」が重なり、「テイカ」という発音になります。

❻ California

発音記号表記は [kæ̀ləfɔ́ənjə] です。[æ] は唇で「エ」を発音するような形にしつつ弱く「ア」と発音します。l [l] の音は、舌の先を上の歯の付け根にしっかりとくっつけて発音します。f [f] は上の歯を下唇に軽く当て、濁らない音「フ」と発音し、この単語の第1アクセントがある音節なので強め、そして長めに発音します。「カリフォルニア」という平坦な発音ではなく、「キャリフォールニァ」という音に近くなります。

❼ favorite

「フェボライト」、「ファボリテ」ではありません。発音記号表記は [féɪv(ə)rət] ですので、f は上の歯を下唇に軽く当て、濁らない音で「フ」と発音し、[éɪ] は「エイ」、v は上の歯を下唇に軽く当て、濁った音で「ヴ」と発音、r は口の中で舌はどこにも触れずに発音します。最後の [ət] は「(弱い) ア」に、「ト」ではなくて母音のない t で発音。「フェイバリットゥ」という発音になります。

❽ read about

　read [réd] は文脈上、過去分詞形なので、「リード」ではなく、「レッド」です。また、r は口の中で舌はどこにも触れずに発音します。また r から始まる単語を発音する場合、少し口をすぼめて発音し始めると英語らしい発音となりますので、「ゥレッド」、そして read の [d]「ド」と about [əbάʊt] の [ə]「ア」が重なり、「ゥレッダバウト」という発音になります。

　5分間の音読回数を、48ページの「アルゴリズム音読記録表」に記録してください。1日目と比べて、伸びを実感してみましょう。ここで休憩を取りましょう。

▶ 10〜20分休憩　タイマーのセットを忘れずに！

　この間、次ページの**オプションコンテンツ2　文構造・文法解説**で、文法に意識を向けてカタマリごとの意味をしっかりおさえておきましょう。

2日目　休憩時間のオプションコンテンツ

▶ **オプションコンテンツ2**　文構造・文法解説

取り組み　文法解説は本書で扱う中心的な内容ではありません。しかし、「英語の文構造を意識した語順感覚」を身につけるにあたり、文構造や文法に意識を向けるために簡単に解説しています。「なぜこうした表現になっているのだろう」と気になったら、文法書などで調べてみましょう。なお、本文に登場する文法事項のうち、不定詞は第6ラウンド、助動詞は第4ラウンド、分詞については第7ラウンドのそれぞれ4日目のオプションコンテンツで扱っています。

Road Trip in U.S.

What's **your favorite thing to do**?

不定詞（to＋動詞の原形）「〜するための」

I like to go to places (**where** I have never been before).

関係副詞 where の先行詞

When I was a child,
I remember going on a vacation by car (**that** lasted for nearly a month)!

関係代名詞 that の先行詞

My father (**whose** car was brand new then),

関係代名詞 whose の先行詞

was able to take a month off work because he is a university professor.

He wanted us to see **as** much of America **as** we could

〈as much 〜 as + S + can [could] 〉
「S が〜できる、可能な限り多くの〜」

while driving from New York to California.

My mom prepared | our favorite snacks | (**that** we enjoyed
eating in the car).

関係代名詞 that の先行詞

The best part of the trip was (**when** we visited

関係副詞 when（先行詞の the time は省略）

| historic places | (**that** I had only ever read about)).

関係代名詞 that の先行詞

I learned about | famous U.S. Presidents | (**who** I'd studied in
school).

関係代名詞 who の先行詞

I'll never forget | this wonderful trip | (**that** was so much fun).

関係代名詞 that の先行詞

It is | my precious memory | [**which** I'll always cherish and

関係代名詞 which の先行詞

love].

| 2日目 | 5分音読 | 2回目 | 月 日 実施 記入しましょう！|

▶ **5分音読 B** 見上げて音読（リード・アンド・ルックアップ） 2回目

※詳しい方法は34ページを参照

　音声は聞きません。スラッシュで区切られたフレーズごとに、Road Trip in U.S. の英文を見て頭に入れます。その後本文から目を離し、天井などを見上げながらこのフレーズを口から出しましょう。本からいったん目を離してルックアップする（見上げる）のがポイントで、このとき英文が脳に格納されていきます。

　2回目の今日は、**オプションコンテンツ2　文構造・文法解説**に記した文構造や文法を意識するとより効果が高まります。

5分間で目標とする音読回数	現在の英語力レベル	
3.5回	英検準2級	TOEIC 400〜500点
4回	英検2級	TOEIC 500〜700点
4.5回	英検準1級	TOEIC 700〜800点

Road Trip in U.S.

What's your favorite thing to do? // I like to go to places / where I have never been before. // When I was a child, / I remember going on a vacation by car / that lasted for nearly a month! // My father / whose car was brand new then, / was able to take a month off work / because he is a university professor. // He wanted us / to see as much of America as we could / while driving from New York to California. // My mom prepared our favorite snacks / that we enjoyed eating / in the car. / The best part of the trip was / when we visited historic places / that I had only ever read about. // I learned about famous U.S. Presidents / who I'd studied in school. // I'll never forget this wonderful trip / that was so much fun. // It is my precious memory / which I'll always cherish and love. //

　5分間の音読回数を、48ページの「アルゴリズム音読記録表」に記録してください。これで第8ラウンド2日目の終了です。同じ英文をくり返し読むことで、英文が頭に入ってきているはずです。明日も「アルゴリズム音読」を続けましょう。

3日目　　**5分音読**　　**1回目**　　　　月　　日 実施　記入しましょう！

　今日は、1、2日目とは異なるトレーニングを行います。英語音声を止めることなく、追いかけるように Road Trip in U.S. を音読しましょう。それが難しい場合は、再生速度を調整してみましょう。

▶ **5分音読 C**　追っかけ音読（シャドーイング）　

※詳しい方法は 37 ページを参照

　音声に続いて、発音に注意しながら Road Trip in U.S. を音読しましょう。

5分間で目標とする音読回数	現在の英語力レベル	
4回	英検準2級	TOEIC 400〜500点
4.5回	英検2級	TOEIC 500〜700点
5回	英検準1級	TOEIC 700〜800点

再生速度の目安
0.5倍

　追っかけ音読1回目の今日は発音に意識を置き、聞こえてくる音声をできるだけ再現しながら音読することに努めましょう。

Road Trip in U.S.

What's your favorite thing to do? I like to go to places where I have never been before. When I was a child, I remember going on a vacation by car that lasted for nearly a month! My father whose car was brand new then, was able to take a month off work because he is a university professor. He wanted us to see as much of America as we could while driving from New York to California. My mom prepared our favorite snacks that we enjoyed eating in the car. The best part of the trip was when we visited historic places that I had only ever read about. I learned about famous U.S. Presidents who I'd studied in school. I'll never forget this wonderful trip that was so much fun. It is my precious memory which I'll always cherish and love.

5分間の音読回数を、48ページの「アルゴリズム音読記録表」に記録してください。ここで休憩を取りましょう。

▶10～20分休憩　タイマーのセットを忘れずに！
この間、次ページの**オプションコンテンツ3　単語ストック**で、単語力を鍛えましょう。

3日目　休憩時間のオプションコンテンツ

▶ **オプションコンテンツ3**　単語ストック

取り組み　1日目の**オプションコンテンツ1B**に出てきた単語を、今日は英文で覚えましょう。丸暗記ではなく「アルゴリズム音読」の音読A「まねして音読」、音読B「見上げて音読」、音読D「瞬訳音読」の各パターンを実践すると、自然と頭に格納されていきます。

☐	We went on a road trip.	私たちは車での長期旅行にでかけた。
☐	Choose your favorite racket.	君のお気に入りのラケットを選びなさい。
☐	This pen didn't last long.	このペンは長持ちしなかった。
☐	It was nearly noon.	ほとんど正午だ。
☐	Tom bought a brand-new car.	トムは車を真新しい新車で買った。
☐	She prepared lunch.	彼女は昼食を用意した。
☐	This is a historic city.	ここには歴史的に有名な町です。
☐	He is precious to us.	彼は私たちにとって貴重な人だ。
☐	He still cherishes his old car.	彼はいまだに古い車を愛用している。

それぞれの音読をしたら☐にチェックマークを入れましょう。

☐**音読A**　まねして音読（リピーティング）
☐**音読B**　見上げて音読（リード・アンド・ルックアップ）
☐**音読D1**　瞬訳音読（英語から日本語への瞬間和訳）
☐**音読D2**　瞬訳音読（日本語から英語への瞬間英作文）

▶ **5分音読 D1** 瞬訳音読（英語から日本語への瞬間和訳）（1回目）

※詳しい方法は39ページを参照

　表の右側（日本語）を手で隠し、英語を見て日本語に訳していきましょう。

5分間で目標とする音読回数	現在の英語力レベル	
1.5回	英検準2級	TOEIC 400〜500点
2回	英検2級	TOEIC 500〜700点
2.5回	英検準1級	TOEIC 700〜800点

☐	Road Trip in U.S.	アメリカでの車の長期旅行
☐	What's your favorite thing to do?	あなたのお気に入りのことは何ですか？
☐	I like to go to places	私は行くのが好きです
☐	where I have never been before.	今まで行ったことがない場所に
☐	When I was a child,	私が子どもだった時、
☐	I remember going on a vacation by car	車で休暇に出かけたことを覚えています
☐	that lasted for nearly a month!	ほぼ1ヵ月続く
☐	My father	父は
☐	whose car was brand new then,	その車はその時真新しい新車で、
☐	was able to take a month off work	1ヵ月の休みをとることができました
☐	because he is a university professor.	大学の教授であるために
☐	He wanted us	父は、私たちに〜と思っていました。
☐	to see as much of America as we could	できるだけ多くアメリカを見てほしいと

☐	while driving from New York to California.	ニューヨークからカリフォルニアまでのドライブの間、
☐	My mom prepared our favorite snacks	母はお気に入りの軽食を用意してくれました
☐	that we enjoyed eating	私たちが楽しく食べる
☐	in the car.	車の中で
☐	The best part of the trip was	この旅の一番よかったのは、
☐	when we visited historic places	歴史的に有名な場所を訪れた時です。
☐	that I had only ever read about.	私が今まで本で読んだことしかない
☐	I learned about famous U.S. Presidents	私は有名なアメリカ大統領の人たちについて学びました
☐	who I'd studied in school.	学校で勉強した
☐	I'll never forget this wonderful trip	この素晴らしい旅行を決して忘れることはありません
☐	that was so much fun.	とても楽しかった
☐	It is my precious memory	貴重な思い出です
☐	which I'll always cherish and love.	私がいつも大切にし、愛していく

　5分間の音読回数を、48ページの「アルゴリズム音読記録表」に記録してください。これで第8ラウンド3日目が終了、最終ラウンドのアルゴリズムも75%まで到達しました。明日はこのラウンドの仕上げであり、本書のトレーニングの仕上げです。張り切っていきましょう！

　いよいよ第8ラウンドの最終日です！　1回目の音読は昨日と同じトレーニングです。

▶ **5分音読C** **追っかけ音読（シャドーイング）** （2回目）

※詳しい方法は37ページを参照

　音声を追いかけて、Road Trip in U.S. を音読しましょう。それが難しい場合には、再生速度を調整してみましょう。

5分間で目標とする音読回数	現在の英語力レベル	
4.5回	英検準2級	TOEIC 400～500点
5回	英検2級	TOEIC 500～700点
5.5回	英検準1級	TOEIC 700～800点

再生速度の目安
0.75倍

　追っかけ音読2回目の今日は英文ストックに意識を置き、一字一句見逃すことなく音読することに努めましょう。

Road Trip in U.S.

What's your favorite thing to do? I like to go to places where I have never been before. When I was a child, I remember going on a vacation by car that lasted for nearly a month! My father whose car was brand new then, was able to take a month off work because he is a university professor. He wanted us to see as much of America as we could while driving from New York to California. My mom prepared our favorite snacks that we enjoyed eating in the car. The best part of the trip was when we visited historic places that I had only ever read about. I learned about famous U.S. Presidents who I'd studied in school. I'll never forget this wonderful trip that was so much fun. It is my precious memory which I'll always cherish and love.

5分間の音読回数を、48ページの「アルゴリズム音読記録表」に記録してください。ここで休憩を取りましょう。

▶10〜20分休憩　タイマーのセットを忘れずに！
この間、次ページの**オプションコンテンツ4　文法事項の強化＋重点スト ック**で、このラウンドでターゲットとする文法：関係詞（関係代名詞・関係 副詞）を強化しておきましょう。

▶ **オプションコンテンツ 4** 文法事項の強化＋重点ストック

取り組み このラウンドでターゲットとする関係詞（関係代名詞・関係副
詞）を復習・強化しましょう。

▶ **関係代名詞の種類：who、whose、which、that など**
▶ **関係副詞の種類：where、when など**
▶ **関係詞の特徴：それぞれの語に対して、後ろから修飾するフレーズがつく**

関係代名詞 who 後ろのフレーズの主語や目的語として働く

I learned about famous U.S. Presidents　学校で勉強した有名なア
メリカ大統領の人たち
who の先行詞は直前の famous U.S. Presidents
(**who** I'd studied in school).

関係代名詞 which 後ろのフレーズの主語や目的語として働く

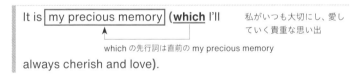

It is my precious memory (**which** I'll　私がいつも大切にし、愛し
ていく貴重な思い出
which の先行詞は直前の my precious memory
always cherish and love).

関係代名詞 that

I'll never forget this wonderful trip　とても楽しかったこの素
晴らしい旅行
that の先行詞は直前の this wonderful trip
(**that** was so much fun).

関係代名詞 whose

My father (**whose** car was brand new 父の車はその時真新しい
新車だった

whose の先行詞は直前の My father

then),

関係副詞 when 先行詞が省略されることもある

The best part of the trip was (**when** we 今まで本で読んだことし
かない歴史的な場所を訪
れたとき
when の先行詞である the time は省略

visited historic places that I had only

ever read about).

関係副詞 where 先行詞が省略されることもある

I like to go to places (**where** I have 今まで行ったことがない
場所

where の先行詞は直前の places

never been before).

▶ 関係詞を重点ストック！

それぞれの文につき、音読 A「まねして音読」、音読 B「見上げて音読」、音読 D「瞬訳音読」の各パターンを試してみましょう。

☐	I remember a vacation that lasted for a month! 関係代名詞　that の先行詞は vacation	私は休暇を覚えています それは1ヵ月間続いた
☐	My father whose car was brand new then,　関係代名詞 　　　 whose の先行詞は My father was able to take a month off work.	当時、その車が新車だった父は 1ヵ月の休みをとることができました
☐	My mom prepared our favorite snacks that we enjoyed eating in the car. 関係代名詞　that の先行詞は snacks	私の母は私たちのお気に入りの軽食を用意してくれました それは私たちが車の中で楽しむ
☐	I learned about famous U.S. Presidents who I'd studied in school. 関係代名詞　who の先行詞は U.S. Presidents	私は有名なアメリカ大統領について学びました 学校でそれを勉強した

それぞれの音読をしたら☐にチェックマークを入れましょう。

☐音読 A	まねして音読（リピーティング）
☐音読 B	見上げて音読（リード・アンド・ルックアップ）
☐音読 D1	瞬訳音読（英語から日本語への瞬間和訳）
☐音読 D2	瞬訳音読（日本語から英語への瞬間英作文）

▶ **5分音読 D2** 瞬訳音読（日本語から英語への瞬間英作文）（1回目）

※詳しい方法は39ページを参照

　ページの左側（英語）を手で隠し、日本語を見て英語に訳していきましょう。

5分間で目標とする音読回数	現在の英語力レベル	
1回	英検準2級	TOEIC 400〜500点
1.5回	英検2級	TOEIC 500〜700点
2回	英検準1級	TOEIC 700〜800点

☐	Road Trip in U.S.	アメリカでの車の長期旅行
☐	What's your favorite thing to do?	あなたのお気に入りのことは何ですか？
☐	I like to go to places	私は行くのが好きです
☐	where I have never been before.	今まで行ったことがない場所に
☐	When I was a child,	私が子どもだった時、
☐	I remember going on a vacation by car	車で休暇に出かけたことを覚えています
☐	that lasted for nearly a month!	ほぼ1ヵ月続く
☐	My father	父は
☐	whose car was brand new then,	その車はその時真新しい新車で、
☐	was able to take a month off work	1ヵ月の休みをとることができました
☐	because he is a university professor.	大学の教授であるために
☐	He wanted us	父は、私たちに〜と思っていました。
☐	to see as much of America as we could	できるだけ多くアメリカを見てほしいと

☐	while driving from New York to California.	ニューヨークからカリフォルニアまでのドライブの間、
☐	My mom prepared our favorite snacks	母はお気に入りの軽食を用意してくれました
☐	that we enjoyed eating	私たちが楽しく食べる
☐	in the car.	車の中で
☐	The best part of the trip was	この旅の一番よかったのは、
☐	when we visited historic places	歴史的に有名な場所を訪れた時です。
☐	that I had only ever read about.	私が今まで本で読んだことしかない
☐	I learned about famous U.S. Presidents	私は有名なアメリカ大統領の人たちについて学びました
☐	who I'd studied in school.	学校で勉強した
☐	I'll never forget this wonderful trip	この素晴らしい旅行を決して忘れることはありません
☐	that was so much fun.	とても楽しかった
☐	It is my precious memory	貴重な思い出です
☐	which I'll always cherish and love.	私がいつも大切にし、愛していく

　5分間の音読回数を、48ページの「アルゴリズム音読記録表」に記録してください。これで第8ラウンド終了です。大変お疲れさまでした。

　これですべてのラウンドが終了しました。第1ラウンドの初日と比べ、変化を感じますでしょうか。

　「英語をカタマリで理解できるようになった」とか、「英語を英語で理解できるようになった」という感想であれば満点ですが、「やり方がわかるようになった」といった「変化」でも、効果が表れています。

　世の中には教材となるさまざまな英文が存在します。選び方についてはこの後の第4章でお伝えします。そうしたよい教材でこのアルゴリズム音読の手順を実践し、引き続きトレーニングに没頭してください。必ず英語力が上がります！

○ アルゴリズム音読 Q and A ○

Q. 慣れてきたので音読が楽になってきました。5分以上音読をしてもいいですか？

A. もちろんです！ ただし一気に長く音読し過ぎると疲れてしまい、次の段階でやる気がなくなってしまう恐れがありますので、気をつけてください。

Q. 10分以上休憩してもいいですか？

A. 学習の時間が取れないのでスキマ時間に音読するという場合や、急な用事が入ったので10分以上休憩せざるを得ないという状況であればしかたありません。ただし、エビングハウスの忘却曲線でもお伝えしたように、あまり長い休憩時間は取らずに復習するほうがよいです。

Q. 「見上げて音読」で英文を頭に入れることに集中してしまい、発音まで気を配れないことが多かったです。

A. スマホや IC レコーダーなどを使って自分の音声を録音してみましょう。

Q. もっといろいろな音読に挑戦してみたいです。他にも音読のバリエーションがありますか

A. 暗唱をおすすめします。今回トレーニングに使った英文は150語程度ですので、頑張れば完全に頭に入れることができます。覚えてみましょう。そのコツは、日本語でも構いませんので頭の中でストーリーを思い描きながら英語で音読することです。発音した英文が正しいかどうかを確認するためには、自分の音声を録音することをおすすめします。

Q. 発音が正しいかよくわかりません。

A. 一番よいのはネイティブの方に確認してもらうことですが、スマホの音声入力を使ってみてもよいでしょう。スマホの録音機能で自分で聞いてみることも効果的です。

Q. アルゴリズム音読はどのような英語資格に効果的ですか？

A. どの英語資格を取得するにも役に立ちます。資格取得だけでなく、英語力もしっかりアップしますので、実際に使える英語となります。

Q. 受験生にも役に立ちますか？

A. もちろん役立ちます。2024年に予定されている教育改革で、4技能を総合的に測ることが求められるようになります。4技能とは、Reading、Listening、Writing、Speakingの4技能です。また、英検やGTECなどの民間資格を大学受験時の点数として扱うことが基本となってきますので、アルゴリズム音読は大学受験に大いに役に立ちます。

Q. ライティング能力は上がりますか？

A. はい。上がります。アルゴリズム音読で体に染み込ませた英文のストックはそのままライティング能力につながります。ただし、音読だけだと英単語のスペルを覚えることができないので、そこだけは書いて覚えるなどして、別に強化するようにしてください。アルゴリズム音読をしっかりしておけば、音読とスペルのつながりが見えてくるようになるのでつづりを覚えるのも楽になります。

Q. 単語力を鍛えるにはどうしたらいいですか？

A. まずは英文を音読することにより、単語を身につけるようにしましょう。資格対策の単語帳（旺文社編・発行『英検でる順パス単』シリーズや、森一郎著・青春出版社発行『試験にでる英単語』など）を使うことも効果的ですが、あくまで補助的な扱いとしましょう。英文によって身につけられる単語力を普段の食事とすると、単語帳は健康補助食品のサプリメントです。普段の生活を考えてみてください。食事を抜いてサプリメントだけでは健康に生きられませんよね。樹木に例えれば、「アルゴリズム音読」で幹となる単語を学び、単語帳でその枝葉を伸ばしていくと考えてください。

第 **4** 章

本書のトレーニングを
終えたあと

さらに英語力を伸ばしたい方へ

　ここまで1ヵ月「アルゴリズム音読」トレーニングを終えた方は、「英語の文構造を意識した語順感覚」が身についてきたことと思います。英語はツールですので、使わなければ英語力はどんどん錆びていきます。せっかくここまでトレーニングを実践してきたのですから、さらに上のステージを目指して英語力を高めていきましょう。

　では、英語力はどのように伸ばしていけばよいのでしょうか。順を追ってお伝えいたします。

　まずは、この1ヵ月続けてきた「アルゴリズム音読」を続けてください。本書記載の英文を何度もトレーニングしても、あるいは別の教材を使って「アルゴリズム音読」をしてもよいと思います。

別の教材を選ぶ4つの基準

　新しく教材を選ぶ場合の基準は以下の通りです。

❶ 難易度：自分の実力より少し下
❷ データ：音声データ付属
❸ 英文：カタマリごとにスラッシュ有
❹ 日本語訳：全訳掲載

❶ 難易度：自分の実力より少し下

　「アルゴリズム音読」をすることを考えた場合、あまりレベルの高い英語だと、スムーズに音読ができません。最初にお伝えした通り、中学校レベルの英語でかなり幅広いコミュニケーションを取ることができますし、各種資格試験でもしっかり点数を取ることができます。

　自分が英語でつまずいた時のことを思い出してみてください。例えば中学校の1年生から英語が苦手になってしまったのであれば、中学校1年の時の教科書、高校生になって英語がわからなくなったのであれば、中学3年生か高校1年生の教科書などを使用してみましょう。

今回のトレーニングに使用した英文の内容は英検3級程度ですが、「アルゴリズム音読」でしっかりとトレーニングを積めば、実力として英検準1級、TOEIC 800点ぐらいが取得可能になります（ただし、英単語に関しては別途勉強が必要です）。ですから、まずはやさしいレベルの英語で「アルゴリズム音読」を実践して、しっかりと基礎を固めてください。

❷ データ仕様：音声データ付属

「アルゴリズム音読」をするには、必ず音声データがなくてはなりません。音声データのない素材を教材にすると次のような不具合が出てきます。

まず、それぞれの単語の発音を間違ってしまう可能性があります。そして、英語特有のリズムや、単語と単語の音のつながり（リエゾン）などを確認することができません。そうなると、リスニングやスピーキング力に大きく影響が出てきます。くり返しますが、必ず音声データが付属している英文を使ってください。

❸ 英文仕様：カタマリごとにスラッシュ有

「アルゴリズム音読」によって「英語の文構造を意識した語順感覚」が身についたら、どこからどこまでが一つのカタマリなのかが自然と見えるようになってきます。それがわかるようになるまでは、カタマリごとに一文がスラッシュで区切られているものを選ぶほうがよいでしょう。誤ったカタマリで区切って読んでしまうと、音読のリズムがうまくとれなかったり、意味の習得に時間がかかったりしてしまいます。しばらくの間はスラッシュが入ったものを選ぶほうが無難ですが、残念ながらそのような教材はどこにでもあるというわけではありません。「あればラッキー」ぐらいの感じにしておきましょう。

❹ 日本語訳の仕様：全訳掲載

ピンポイントに「発音だけをよくしたい」ということであれば、全訳が載っていない教材でもよいでしょう。ただし、リーディング、リスニング、ライティング、スピーキングの4技能をバランスよく高めるには、「瞬訳音読」の過程が必須です。可能な限り、全訳が載っている教材を選びましょ

う。英文にスラッシュが入っており、その対訳がついている形がベストです。一般的に「サイト・トランスレーション」と呼ばれる形式ですが、書籍や有料の教材となっている場合が多いです。

おすすめ教材3つ

ここまでの4つの基準を総合して考えてみると、おすすめできる教材として以下の3つが挙げられます。

❶ 中・高の教科書＋教科書ガイド
❷ ENGLISH JOURNAL（アルク）／多聴多読マガジン（コスモピア）
❸ 英検の過去問

❶ 中・高の教科書＋教科書ガイド

学校の教科書というのは非常によくできています。各レッスンにほどよく単語、文法が散りばめられています。音声データや全訳は、市販の「教科書ガイド」を購入すれば手に入れることが可能です。スラッシュ入りの本文を提供している教科書ガイドもあります。また、学校の先生が使用しているマニュアルや、教員専用の電子データ（だいたいCD-ROM）にはさまざまなパターンで訳された日本語訳が入っています。もしあなたが中高生である場合、先生に聞いたら印刷してくれるかもしれません。自らの教員経験から言っても、学校の先生はやる気のある生徒を応援したいのです。

また、教科書には必ず音声データがついています。学校で販売されていない場合でも、学校の先生であれば必ず持っています。最近では、教科書の音声データをダウンロードできるようにしている出版社もあります。中高生でない一般の方なら、Amazonで音声CDを購入したり、ダウンロードしたりすることをおすすめします。

教科書のよい点はまだあります。レベルに応じて中学校1年生の教科書、高校2年生の教科書と、いろいろ選ぶことができます。手に入りやすさという点もクリアしています。中高生ならもちろん、大人になっても学校の教科書を買うことは可能です。教科書はどこの書店でも扱っている

わけではありませんが、一般社団法人 全国教科書供給協会 (http://www.text-kyoukyuu.or.jp/otoiawase.html) を見れば、どこの書店が教科書を扱っているのかがわかります。ぜひお近くの書店に足を運んでみてください。

　ところで、中学校の英語検定教科書は2019年現在で6種類 (6出版社) あります。その6種類は、どの会社の教科書をとってもレベルにほとんど違いは見られません。一方で、2019年現在、高校の英語はコミュニケーション英語と英語表現の大きく2つに分かれており、コミュニケーション英語Iだけでも37種類、英語表現Iは43種類あります (高等学校用教科書目録 (平成31年度使用) 参照)。

　ちなみに、「コミュニケーション英語」は「コミュニケーション」と謳っているものの、どちらかというとリーディング系、「英語表現」の方は文法習得を意識した教科書となっています。「アルゴリズム音読」の教材としては、「コミュニケーション英語」の教科書が使いやすいです。

　中学校レベルが一通り満足するレベルに達したならば、ぜひ高校英語レベルで「アルゴリズム音読」をやってもらいたいのですが、高校の教科書は種類が多く、選ぶのが難しいかもしれません。

　一般的にはあまり知られていないことですが、高校英語の検定教科書は1社につき数種類出していて、さまざまなレベルの教科書があります。例えば、三省堂からコミュニケーション英語の教科書として、CROWN、MY WAY、VISTA と3種類出ています。難易度でいうとCROWNが一番難しく、MY WAYが中間、VISTA は中学校の復習レベルからスタートというように、1つの会社から難易度別に複数冊出版されているのです。

　アルゴリズム音読の教材として教科書を使う場合、まずは中学校教科書、次に高校教科書の最難度ではないもの (三省堂ならMY WAY か VISTA)、それから高校教科書の最難度のもの (同じくCROWN) という順で選ぶのがよいと思います。

　さて、教科書はイチオシの教材ですが、弱点もあります。学校で使うことが前提なので、「道徳的によいとされる内容」がテーマになりがちです。違う言い方をすると、「真面目な内容」ということになります。読んでいて少し面白みに欠けるかもしれません。その場合は次に挙げる教材がよいと思います。

❷ ENGLISH JOURNAL（アルク）／多聴多読マガジン（コスモピア）

どちらも英語の多読トレーニング用に作られている雑誌です。記事がレベル別に分かれており、英語と日本語とが並べて書かれているので、非常に「アルゴリズム音読」しやすいようになっています。スラッシュが引かれてはいないのですが、和訳が記載されており、音声データも活用可能であるため、教材として使用可能です。

また、アルクにはALCOという音声データアプリがありますから、ENGLISH JOURNALについては、CDプレーヤーなどがなくてもスマートフォンだけで、気軽にトレーニングができます。

ENGLISH JOURNALは月刊誌、多聴多読マガジンは隔月刊誌です。そのため、タイムリーな内容に触れられるのと、書店などで気軽に手に入れられるという長所もあります。一方では、（隔）月刊誌であるために、一つの英文をしっかりくり返して音読する前に次の号の英文に目移りしてしまい、くり返す回数が足りずに発音や英文ストックという目的が達成できなくなってしまう可能性もあるの。

ただし目移りするというのは、本書の目的のうちの一つ「英語が好きになる」を達成したことになるのかもしれません。また、この2つの雑誌にもそれぞれおすすめのトレーニング方法が書いてあります。「アルゴリズム音読」を起点として、次にはこれらのトレーニングを試してみることもよいでしょう。それらが難しいと感じたら、また「アルゴリズム音読」に戻ってくればよいのです。

❸ 英検の過去問

大学受験や就職試験などで英検の級を取得する必要がある人もいるでしょう。安心してください、英検の勉強にも「アルゴリズム音読」は非常に役に立ちます。

まず、英検資格が必要なら、過去問を活用しましょう。英検に限らず何かの資格については、自分がこれから受験する試験の過去問を教材にすることがゴールへの一番の近道です。

過去問はインターネットで無料で手に入れることができますが、全訳などは掲載されていません。市販の過去問を購入してください。複数の出版社から発行されており、どの出版社のものも、少なくとも2年×3回の計

6回分の過去問が入っていますので、費用対効果は非常に高いと言えます。なお、過去問なので問題の内容は同じですが、全訳や解説が異なります。どれを使うかは好みによりますが、音声データがついているものを選ぶようにしましょう。

さて、目指す級が決まっていたとしても、まずは3級、準2級の過去問を使ってアルゴリズム音読を実践してみることをおすすめいたします。それ以上の級の受験を考えている場合、ここからステップアップすればよいのです。合格戦略を立てる必要がありますが、詳しくは第2章と第3章の間、「資格対策」のコラムに書きましたので、そちらを読み直してください。

英検の受験予定がなくとも、「アルゴリズム音読」の教材として英検の過去問は非常に有効です。その場合、自分の持っている級、または1つ低い級の「リスニング」の過去問を使ってください。英検準2級を持っている場合、準2級か3級のリスニング過去問を「アルゴリズム音読」のトレーニングとして使うといった感じです。これをくり返し行い、どうしてももの足りなく感じるようになってから、次のレベル（2級の問題など）に進みましょう。

とはいえ、必要がなくとも、英検を受けてみるのはおすすめです。英検は級が細かく分かれているので、一度受験してみると自分のレベルがはっきりとします。コラムにも書きましたが、モチベーションの維持にもなります。

最後に──教材探しの注意点など

その他、Web上にも多くの教材がありますし、雑誌なども非常によい教材となります。ここに挙げた4つの基準に1つでも外れていたら教材として使えないというわけはありませんが、4技能をバランスよく伸ばすには、できるだけ基準を多く満たしている教材を探しましょう。

ただし注意したいのは、教材を探すのに時間をかけすぎてしまった結果、実際の「アルゴリズム音読」をする時間が取れなくなることです。これでは本末転倒ですので、ある程度の妥協は必要かもしれません。

また、本書の「オプションコンテンツ」では、簡単な文法解説を載せています。別の教材を使う場合にも、こうした説明が記されている場合が多い

と思います。本書にせよ、別の教材にせよ、「もっと詳しく解説を知りたい」と思ったら、中学生向けの参考書などで調べてみましょう。疑問が解けると実力が1ランク上がりますし、「わかった！」というスッキリ感は、英語へのモチベーションをさらに高めます。

　このようにして1日10分の「アルゴリズム音読」を続ければ、必ず「英語の文構造を意識した語順感覚」が身につきます。もちろん、4技能すべてが向上します。その時あなたは、本物の英語の使い手になった自分に気がつくことでしょう！

謝辞

この本は多くの方に支えられて出来ました。

IBC パブリッシング代表取締役社長の浦様には出版にあたって多大なご尽力をいただきました。福岡教育大学の Todd Jay Leonard 教授は英文提供を快く引き受けてくださいました。ツクヨミしろくま堂書店の野坂匡樹さんは企画から原稿確認まで伴走してくれました。青森南高校外国語科19回生（赤石駿君、優雅君、朋也君、繋奏太郎君、寺山和宏君、宮本一誠君、山田堅也君、山田誠志郎君、鎌田湖瑚さん、妻神和さん、宿野部玲那さん、H.J. さん、成田純梨さん、馬場眞桜華さん、三上未夢さん）、anko-nabe812さん、Ｙさん、Ａさん、Ｓさん、シンママ３さん、gemさんには出版にあたってアンケートご協力いただきました。

さまざまな面から支えてくださった皆様にここで御礼申し上げます。

最後に、いつも心の拠り所となってくれている家族に感謝いたします。

著者　**鴨井智士**　かもいさとし

1978年岡山生まれ、大阪育ち
京都工芸繊維大学卒業
大学卒業後、アイテック阪急阪神株式会社でネットワークインフラ関連の
エンジニアとして従事。退職直後にリーマンショックが発生し、再就職が
絶望的に。失業中、一念発起して英語学習に取り組み3ヵ月でTOEIC
スコア960点を取得。その後英検1級にも合格。
青森県教員採用試験に一発合格し、県立青森南高等学校の教諭として英
語指導。
教員を退職後、英語学習コンサルタントとして独立しつつ、フィジー共和
国で現地校のエグゼクティブオフィサーとして勤務。帰国後、岡山県の教
員採用試験にも合格するも辞退し、創志学園高等学校の非常勤講師とし
て勤務。
2019年北海道へ移住。
現在は2つの会社を経営しながら英語学習コンサルタントとして活動中。

オフィス3104 鴨井智士公式サイト　http://office3104.com/

アルゴリズム音読

2020年1月6日　第1刷発行
2020年5月18日　第3刷発行

著　者　　鴨井 智士

発行者　　浦 晋亮

発行所　　IBCパブリッシング株式会社
　　　　　〒162-0804 東京都新宿区中里町29番3号 菱秀神楽坂ビル9F
　　　　　Tel. 03-3513-4511　Fax. 03-3513-4512
　　　　　www.ibcpub.co.jp

印刷所　　株式会社シナノパブリッシングプレス

ISBN978-4-7946-0615-0